国家级职业教育规划教材

全国中等职业学校会计专业教材

（第2版）

财经基础知识

人力资源社会保障部教材办公室　组织编写

康宇　主编

中国劳动社会保障出版社

简　介

本教材为国家级职业教育规划教材。

本教材主要内容包括：商品与货币、企业、市场、公共经济管理和经济政策五部分，通过这些内容的讲解，使学生具备会计专业所必需的经济、财政、金融的基本知识，为学生今后学习专业知识和专业技能打下一定的基础。

本教材由康宇担任主编，韦艳担任副主编，李姮、胡宁、邓建敏、王琰参与编写。

图书在版编目(CIP)数据

财经基础知识 / 康宇主编. -- 2版. -- 北京：中国劳动社会保障出版社，2018
全国中等职业学校会计专业教材
ISBN 978-7-5167-3465-0

Ⅰ.①财…　Ⅱ.①康…　Ⅲ.①财政学－中等专业学校－教材　Ⅳ.①F810

中国版本图书馆CIP数据核字（2018）第179673号

中国劳动社会保障出版社出版发行
（北京市惠新东街1号　邮政编码：100029）
*
三河市华骏印务包装有限公司印刷装订　新华书店经销
787毫米×1092毫米　16开本　8印张　132千字
2018年8月第2版　2023年12月第5次印刷
定价：18.00元

营销中心电话：400-606-6496
出版社网址：http://www.class.com.cn
http://jg.class.com.cn

前　言

全国中等职业学校会计专业教材自出版以来，在学校教学中发挥了重要作用。近年来随着会计行业的发展变化，企业对从业人员的知识水平和职业能力提出了更高的要求。为适应这一变化，满足学校培养人才的需求，我们组织一批教学经验丰富、实践能力强的教师与行业、企业专家，在充分调研的基础上，对现有教材进行了修订。

本次教材修订工作的重点主要体现在以下几个方面：

◆ 更新教材内容。根据近年来会计政策和法规的变化，调整、更新了企业会计准则以及增值税、营业税等税收法规的内容；补充了会计理论的最新知识，强调了互联网时代在会计记账、核算、报税过程中对新技术和新设备的应用；完善了最新会计软件的操作方法，使得教材内容更加具有前瞻性，符合时代发展特点。

◆ 强化职业技能和职业素质培养。教材进一步加大技能训练的比重，在涉及到记账、出纳、成本核算、纳税等主要会计技能的教材中，更多地加入实践题例和操作指导，方便教师开展一体化教学。同时，将与会计行业相关的职业道德、职业操守等内容融入到教学知识、课堂问答、课后训练等各环节，以加强对学生职业素质的培养。

◆ 提升教材表现力。通过设置案例分析、知识链接、能力提示等不同栏目，增加教材的亲和力，激发学生的学习兴趣。同时，尽可能多地以图表代替冗长的文字叙述，使教材更加生动，易于学习。

◆ 加强立体化资源建设。习题册修订和教材修订同步进行，同时补充开发配套的电子课件。习题册答案及电子课件可登录 zyjy.class.com.cn，搜索相应的书目，在相关资源中下载。

本套教材的编写得到了有关学校的大力支持，教材的编审人员做了大量的工作，在此，我们表示衷心的感谢！同时，恳切希望广大读者对教材提出宝贵的意见和建议。

人力资源社会保障部教材办公室

目 录

CONTENTS

第一章 商品与货币

学习目标：

◇ 掌握商品的概念及其属性

◇ 了解商品经济的产生和发展进程，理解商品价值量的决定因素

◇ 了解货币的产生和演变过程，掌握货币的基本职能

◇ 掌握价值规律的基本内容

人们都说：开门七件事，柴米油盐酱醋茶。人要生存，首先必须解决吃饭的问题，而这些都离不开商品和钱。当我们面对品种繁多的商品时，也许会想：什么样的东西才能作为商品？商品为什么要花钱买？为什么有的商品便宜，有的商品昂贵呢？钱与货币之间存在什么关系？商品的价格是根据什么确定的？价格变化有没有规律可循？

本章将围绕这些问题，讲解商品、货币、价值规律等方面的财经基础知识，同学们通过学习，将初步学会运用这些知识，观察和分析商品经济现象，了解财经规律。

第一节 商　　品

一、商品概念及其基本属性

1. 商品的概念

商品是指专门用来交换的劳动产品，即生产者本身并不消费，而是用来向其他生产者交换自己需要的其他产品。在社会化大生产时代，几乎所有工业产品和绝大部分农产品都是用来交换的，所以，商品和产品两个名词通常可互用。商品除了可以是有形的产品外，还可以是无形的服务。比如“保险产品”“金融产品”等。

商品的整体概念包括三个层次：商品实质层、商品实体层和商品延伸层，如图 1—1 所示。

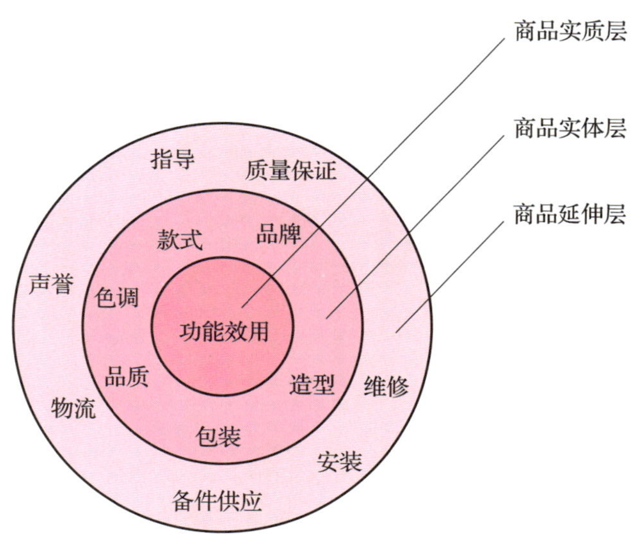

图 1—1　商品的整体概念

（1）商品实质层

商品实质层是指商品的功能和效用。消费者购买某种商品，其目的是获得商品给他带来的某种需求的满足。例如，消费者购买电视机实质上是为了满足其闲暇时休息和娱乐的需要，购买微波炉是为了满足烹饪的需求。商品的实质层是商品的功用给消费者带来的满足，缺少这一层，消费者就不会去购买这种商品。

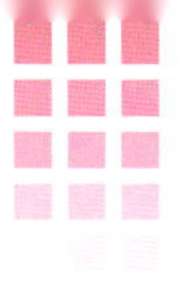

（2）商品实体层

商品实体层向人们展示的是商品的外在特征，它包括外观形式和内在质量，即品质、包装、品牌、造型、款式、色调等。随着人们生活水平的提高，商品经济日益发达，消费者的要求越来越高，除了考虑商品的功用外，还追求商品具有更高的品质，更新颖的造型、颜色以及内涵丰富的品牌文化等。

（3）商品延伸层

商品延伸层是指消费者在购买和使用商品时获得的各种附加利益的总和。这一层次包括售前的咨询服务和售中的交易条件，如赊购、提供信贷或各种担保等，以及售后的物流和维修服务等。商品的延伸层能促进商品的销售，提升消费者的购买体验。

2. 商品的基本属性及相互关系

（1）商品的使用价值

商品是通过交换供给社会消费使用的劳动产品，因此，一种劳动产品要成为商品，首先必须有用，即可以满足人们的某种需要。比如，机器、设备、化肥、农药可以满足工农业生产的需要，粮食、衣服、书籍、艺术品可以满足人们物质生活和精神生活的需要。商品能够满足人们某种需要的属性就是商品的使用价值。

不同的商品，有着不同的使用价值。商品的使用价值是由商品本身的自然属性，即物理、化学、生物等性质决定的。例如，大米可以充饥，棉衣可以御寒，汽车可以作为交通工具，书刊可以娱乐和学习。随着生产和科学技术的发展，人们逐渐发现同一种物品可以有多种使用价值。例如，过去人们只知道把煤作为燃料，现在则可以通过煤的精炼，从中提取上百种化工产品，用来制作燃料、药品、化肥、塑料、合成纤维等，以满足人们的不同需要。

（2）商品的价值

商品除了具有使用价值以外，还必须能同其他商品交换，它是用于交换的劳动产品。不同的商品相交换，两者之间必然存在一定比例。例如，用 1 把锄头换 10 千克大米，这就是说 10 千克大米是一把锄头的交换价值。

商品的交换价值是根据什么确定的呢？众所周知，不同商品的使用价值有着质的不同，锄头和大米从使用价值上讲是不同质的，锄头是耕地用的，大米是吃的，它们的用途不同。1 把锄头能够和 10 千克大米相交换，说明在两者之间存在着“共同的东西”，而且这个“共同的东西”在数量上是相等的，否则，这个等式就不能成立。1 把锄头和 10 千克大米的“共同的东西”就是两者都是劳动产品。尽管生产锄头和大米所使用的工具、材料以及生产的方式各不相同，但有一点却是共同的，即它们都消耗了一定量的人的体力和脑力。从这个意义上说，这是无差别的人类劳动，任何商品都是无差别的人类劳动的结果。这种凝结在商品的无差别的人类劳动就是商品的价值。1 把锄头能够和 10 千克大米相交换，是由于它们消耗了相同的一般人类的劳动，即它们具有等量的价值。

任何商品都有价值，但商品的价值不能自我表现出来，必须通过和它交换的商品才能表现出来。1 把锄头和 10 千克大米交换，这把锄头的价值就通过 10 千克大米表现出来了，10 千克大米就是这把锄头的交换价值。交换价值是价值的表现形式，价值是交换价值的基础。

（3）商品使用价值与价值的关系

任何社会经济形态中的商品，都是使用价值和价值的矛盾统一体。一方面，商品的使用价值和价值是统一的，缺少任何一个因素都不成为商品。价值的存在要以使用价值的存在为基础，使用价值是价值的物质承担者。另一方面，商品的使用价值和价值又是矛盾的。使用价值作为商品的自然属性，反映的是人与自然的关系；价值作为商品的社会属性，反映的是商品生产者之间的社会关系。使用价值是包括商品的一切有用物品所共有的属性，是永恒的范畴；价值是商品所特有的属性，是商品经济的范畴。商品的使用价值与价值的区别见表 1—1。

表 1—1　　商品的使用价值与价值的区别

区别	商品的使用价值	商品的价值
定义	商品能够满足人们某种需要的属性	凝结在商品中的无差别的人类劳动
体现关系	使用价值是商品的自然属性，反映的是人与自然之间的关系	价值是商品的社会属性，反映的是人与人之间的关系
是否特有	使用价值不是商品的特有属性	价值是商品特有的、本质的属性

商品生产者生产一种商品，是为了通过销售，实现商品的价值，消费者购买一种商品，则是为了取得该商品的使用价值。因此，商品只有具有使用价值，才能实现其价值。可见，一种具有使用价值的劳动产品，如果只是用来满足商品生产者自己的需要，或只是无偿地交付给别人使用，都不能成为商品；只有通过商

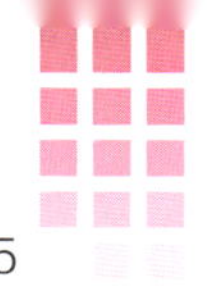

品交换把商品卖出去，才能使商品生产者实现商品的价值，使消费者得到使用价值。

知识链接

不同类型的商品

随着商品经济的发展，商品的范围在不断地扩大。商品既包括有形的物质产品，也包括无形的知识、技术和服务等。

（1）劳动服务商品。销售者使用一定的场所、设备和工具，通过提供服务性劳动，来满足购买者某一方面的特殊需要。服务市场上提供的服务，门类繁多、功能多样，与人们生活质量的提高密不可分。

（2）科技商品。随着科学技术转化为生产力，商品中科学技术含量越来越高，在实现的利润中所占的份额越来越大。

（3）信息商品。信息是信号、消息、情报、资料的总称。随着信息技术的发展，信息市场及信息商品生产越来越引起人们的重视，对其需求也越来越大。从经济的角度讲，信息主要有科学技术信息、市场供求信息以及引导经济发生变动的相关信息等。信息商品属于智力劳动的产品。

（4）精神文化商品。在市场经济条件下，一部分精神文化产品也成为了商品，比如电影剧本、小说稿本等的竞价销售。精神文化产品的生产劳动属于复杂的智力劳动，具有较高的价值量。

二、商品经济的产生和发展

1. 商品经济的产生

商品不是从来就有的，是人类社会发展到一定历史阶段才产生的。在原始社会的很长时间内，由于生产力水平低下，人们共同劳动，平均分配，产品全部用于共同消费，没有剩余产品，不能与别人交换劳动产品。到了原始社会末期，生产力有了一定的发展，人们生产获得的劳动产品除了自用外还有了剩余，这样才有了交换产品的基础。随着畜牧业、手工业从农业中分离出来，剩余产品数量增加，还产生了私有制，于是就产生了以交换为目的的生产，即商品生产。随之产生了第三次社会大分工，即商业从农业和手工业中分离出来。三次社会大分工的比较见表 1—2。

表 1—2　　三次社会大分工的比较

时期	内容	产生的社会结果	原因
第一次社会大分工	农业和畜牧业分工	产生了最初的商品交换	社会生产力的不断提高
第二次社会大分工	手工业从农业中分离出来	产生了私有制	
第三次社会大分工	商业从农业和手工业中分离出来	产生了比较固定的交换场所——市场	

商品经济是社会生产力发展到一定阶段的产物，它是商品生产和商品交换的总和。之所以在原始社会末期产生了商品经济，是因为当时具备了两个条件：一是社会分工，也就是说，不同的生产者生产不同的产品，同时彼此又都需要对方的产品，使交换成为可能和必要。二是由于不同的产品归属于不同的生产者所有，不同所有者之间存在着界限，“你的就是你的，我的就是我的”，谁也不能无偿地取得自己所需要的产品。只能通过自愿互利的平等交换，获得自己所要的产品。于是产品转变为商品，由此出现了为交换而进行的生产——商品生产。所以说，社会分工和产品属于不同的所有者，是商品经济产生和存在的两个条件。

知识链接

商人和商品的由来

原始社会末期，在河南省商丘市一带有一个叫“商”的部落，以畜牧业为主，因从事商品交换而颇有名气，所以别的部落把从事商品交换活动的人叫“商人”，把交换的产品叫“商品”。

2. 商品经济的发展

商品经济的发展，至今已有几千年的历史。在原始社会、奴隶社会和封建社会中，占统治地位的生产方式是自给自足的经济，也称自然经济。

商品经济在这个漫长的历史时期中，始终处于从属地位。在封建社会末期，商品生产有了很大发展。那时商品生产者主要是个体劳动者，这叫作小商品经济。小商品经济又称简单商品经济，其特点是以生产资料个体私有制和个体劳动为基础，生产和出卖商品是为了买回自己所需要的其他商品。小商品经济虽然在自然经济的缝隙中生存和发展，但它的成长给社会经济的发展注入了新的活力，成为人们经济活动中不可忽视的力量。

在资本主义社会，随着社会化大生产的发展，商品经济获得高度发展，在社会中占统治地位，形成了资本主义商品经济。资本主义商品经济是建立在生产资料私人占有和雇佣劳动的基础上，以追求利润为目的。资本主义商品经济的发展，极大地促进了生产力的提高。

社会主义社会也存在商品经济，但它是建立在公有制基础上的新型的商品经济。社会主义商品经济是和社会主义基本制度结合在一起的商品经济。它的所有制基础是以公有制为主体、多种所有制经济共同发展，分配制度是以按劳分配为主体、多种分配方式并存，根本目标是实现共同富裕。

知识链接

自然经济和商品经济的比较

自然经济就是自给自足的经济，属于封闭型经济。其生产目的是满足本经济单位或生产者个人的需要，生产被封闭在一个个零散的家庭或经济单位。生产的闭塞性造成了生产者孤陋寡闻、因循守旧、易于满足和不思进取，必然阻碍科学技术的推广、应用和生产力发展。生产基本上是维持在原有的规模上。

商品经济是交换经济，以追求价值为目的，并通过市场交换而实现，是开放型经济。商品经济以社会分工为基础，强调生产过程中的分工与协作。为了追求更多的价值，并在优胜劣汰的竞争中制胜，必然不断改进技术，提高劳动效率，为科学技术与社会生产力的发展开辟了广阔的前景。为在竞争中处于有利地位，也要求其不断扩大生产规模。

三、商品的价值量

现在，铝制品随处可见，已成为一种极普通的物品，而在 150 多年前却不是这样。法兰西帝国皇帝拿破仑设宴时，宾客用的都是银碗，唯有皇帝一人用铝碗，以示尊贵。为什么 150 多年前只有皇帝才用得起的铝碗，150 年后被人们普遍使用了呢？这就涉及商品价值量与劳动生产率的关系了。

1. 商品价值量的决定因素

商品的价值量是以数量形式体现的商品价值的大小。商品的价值是凝结在商品中的无差别的人类劳动，因此，商品价值量的大小就应是由生产商品所消耗的劳动时间来计算的，如几小时、几天等。生产某种商品耗费的劳动时间越多，这种商品的价值量就越大，反之就越小。

劳动时间分为个别劳动时间和社会必要劳动时间。个别商品生产者生产商品所耗费的时间，叫作个别劳动时间。但是，社会上生产同一种商品的生产者有许许多多，他们的生产工具有好有差，技术水平有高有低，人也有勤有懒，因而各自生产一件同样的商品所用的劳动时间，即个别劳动时间是不一样的。那么，商品的价值量由谁的劳动时间决定呢？如果由每个生产者的个别劳动时间来决定商品的价值量，同样的商品就会有完全不同的多种多样的价值量，而且生产者的工具越差，技术越低，人越懒惰，所花费的劳动时间越长，他所生产的商品的价值量也就会越大，这显然违背常理。商品的价值不是由各个商品生产者所消耗的个别劳动时间决定的，而是由社会必要劳动时间决定的。社会必要劳动时间是指在现有的社会正常的生产条件下，在社会平均的劳动熟练程度和劳动强度下制造某种商品所需要的劳动时间。

现有的社会正常的生产条件，是指当时某一生产部门大多数产品的生产条件，其中最主要的是使用什么样的劳动工具。以织布为例，如果社会需要的大多数棉布是手工织布机生产的，手工织布机就是社会正常生产条件；反之，如果大多数棉布是机器纺织的，则机器织布机就是社会的正常生产条件。在同样的生产条件下，不同的劳动熟练程度和劳动强度，生产同样一匹布，耗费的劳动时间也不同。如果有的用 8 个小时，有的用 12 个小时，而大多数用 10 个小时，那么生产一匹布所需要的社会必要劳动时间就接近于 10 小时，一匹布的价值量就相当于 10 小时。

如果商品生产者的个别劳动时间低于社会必要劳动时间，他生产商品所耗费的劳动，不仅能全部得到补偿，还可以获得收益，在竞争中处于有利地位；如果他的个别劳动时间等于社会必要劳动时间，他生产商品所耗费的劳动只能得到完全的补偿；如果他的个别劳动时间高于社会必要劳动时间，他生产商品所耗费的劳动就有一部分得不到补偿，就会出现亏本，在竞争中处于不利地位，甚至破产。可见，社会必要劳动时间对商品生产者具有重要意义，直接影响商品生产者的生存和发展。

2. 简单劳动和复杂劳动

在考察商品价值量时，不仅要区分个别劳动时间和社会必要劳动时间，还要区分简单劳动和复杂劳动。

简单劳动是指不需要专门训练和培养，具有一般劳动能力的人都能从事的劳

动。例如，砍柴的劳动和挑水的劳动等。复杂劳动是指需要经过专门训练和培养，具有一定的知识和技术才能从事的劳动。例如，制造和维修钟表的劳动，制造机器的劳动等。计算商品价值量时，以简单劳动为基础，将同一单位时间内的复杂劳动换算成多倍的简单劳动。这种换算比例是通过市场无数次的竞争和交换活动自发形成的。

简单劳动和复杂劳动的区别是相对的，随着科学技术的发展，整个社会的简单劳动和复杂劳动的水平线会不断提高，现有条件下的某些复杂劳动会变为简单劳动，复杂劳动的要求将进一步提高。

3. 商品价值量与劳动生产率的关系

商品生产者怎样才能降低自己生产商品所耗用的个别劳动时间呢？那就要提高劳动生产率。劳动生产率就是劳动者的生产效率，通常用单位时间内生产的产品数量来表示。

例如，某鞋匠以前 1 天 8 小时生产 4 双布鞋，现在因生产工具的改进和劳动技能的提高，1 天 8 小时生产 8 双布鞋，这就表明他的劳动生产率提高了 1 倍。劳动生产率也可以用单位产品中所耗费的劳动时间来表示。如上例，过去生产 1 双布鞋要花 2 小时，现在只花 1 小时，同样表明劳动生产率提高 1 倍。因为商品的价值量是按时间计算的，所以，无论劳动生产率怎样变化，同一劳动在同一时间所形成的价值总量是不变的。劳动生产率越高，单位劳动时间内创造的使用价值量就越多，单位商品所耗费的社会必要劳动时间就越少，单位商品的价值量就越小。反之，劳动生产率越低，单位劳动时间内创造的使用价值量就越少，单位商品所耗费的社会必要劳动时间越多，单位商品的价值量就越大。也就是说，单位商品的价值量与劳动生产率成反比。

第二节　货　币

买卖商品，就要谈“钱”，就离不开货币。人们几乎每天都在同货币打交道，各种商品都要用货币去购买。一张花花绿绿的纸为什么能用来购买商品呢？是谁令它有这种神通？又是什么力量在支配它？要解开这个谜，就需要我们懂得有关货币的知识，理性地认识和对待货币。

一、货币的产生

商品和货币似乎是一对孪生兄弟。然而在历史上，货币的出现要比商品晚得多。货币是商品交换长期发展的产物。最初的商品交换是物物交换，出现在原始社会末期。随着社会分工的出现，交换越来越频繁，交换范围越来越广，交换的品种也越来越多，导致交换的难度也越来越大。

例如，羊的所有者需要布，当他找到布的所有者要求交换时，布的所有者并不需要羊，却需要粮食，他们就无法成交。于是羊的所有者只有找粮食的所有者，如果粮食的所有者需要羊，则羊的所有者先用羊换成粮食，再用粮食去换布，才能换得自己所需要的商品。这显然是很麻烦的：如果粮食的所有者既不需要羊，又不需要布，而是需要斧子，且斧子的所有者并不需要羊，他们就无法成交。

知识链接

双重巧合

以物易物具有很大的局限性，经济学家对此有个专门的术语叫“双重巧合”，即一个想用肉换米的人，必须找到一个想卖米，又恰恰要吃肉的人，也就是要满足需求的双重巧合，同时还必须要在时间上一致，即满足时间上的双重巧合。

在长期交换的过程中，人们找到了克服商品与商品这种物物交换困难的办法，那就是先把自己的东西换成市场上大家普遍乐于接受的商品，然后再用这种商品换回自己所需要的东西。这种大家乐于接受的商品便成为一般等价物，用它表现其他商品的价值，充当商品交换的媒介。

一般等价物的出现，使商品交换分成了两步，即先用自己的商品去换成一般等价物，再用一般等价物去换自己需要的商品。这时的商品交换已经不是直接的物物交换，而是以一般等价物作为媒介的交换了。最初一般等价物没有固定在一种商品上，往往因时因地而不断变更，这种状况也不利于商品交换。随着社会生产力的进一步发展，第二次社会大分工后，出现了商品生产，商品交换更加频繁，客观上要求一般等价物固定在某种商品上。当一般等价物固定由某种商品充当时，这种商品就成为了货币。

在人类历史上，牲畜、毛皮、贝壳、布帛、金属等都曾充当过一般等价物的

材料。后来，人们在长期交换中，发现黄金、白银有许多优点，如质地均匀、性质稳定、不易腐蚀和磨损，且易切割和熔合，体积小、价值大、便于携带等，最适合充当货币材料，于是金银就固定地充当了一般等价物，这时，货币才真正产生了。可见，货币是固定充当一般等价物的商品，是商品交换长期发展的产物。

知识链接

“钱”的由来

“钱”是我国对货币的俗称。在漫长的商品交换发展中，起一般等价作用的商品，不是一开始就用黄金，而是用贝壳、牲畜、布帛等来充当。由于它们各有缺陷和不便，后来人们就以武器和生产工具等作为一般等价物进行商品交易。我国古代有一种农具，当时称为“钱”，由于它较长时间地被当作交换媒介物，因而货币也就通称为“钱”了。

二、货币形式的演变

当作流通手段的货币，最初是金银条、块。金银条、块作为流通手段，每次交换都要称重量、查成色，很不方便。随着市场的扩大，出现了由国家铸造的货币，即铸币。铸币是经过国家认可的，具有一定的形状、质量、成色并表明面额价值的金属货币。它的出现促进了商品交换活动的扩大。如图 1—2 所示，就是中国不同时期的货币形式。

图 1—2　中国不同时期的货币形式

知识链接

牛顿的发明

科学家牛顿曾经担任英国皇家铸币局局长的职位，他的发明是在钱币的边缘刻上一道一道的细线，以防止金币被人为改变质量。这样的细线设计一直延续到现代的硬币上。

金属铸币在长期流通过程中，会逐渐被磨损，减轻了质量，变成了不足值的货币。但由于商品生产者交换的目的并不是要货币本身，人们只关心它是否能买自己所需要的商品，所以并不关心它是否足值，铸币的名义含量和实际含量出现分离，铸币这种名不副实的变化，预示着可以用某种介质代替足值的货币执行流通手段的职能。这样，就产生了作为金属货币符号的纸币。

纸币是由国家发行的强制使用的货币符号。与金属相比，纸币的制作成本低，便于保管、携带和运输，避免了铸币在流通中的磨损，所以纸币被世界各国广泛使用。现在世界主要的纸币有中国的人民币、美国的美元、英国的英镑、欧盟的欧元、加拿大的加拿大元等，如图 1—3 所示。

中国 人民币

美国 美元

欧盟 欧元

加拿大 加拿大 元

图 1—3 世界主要纸币

知识链接

纸币的诞生

西方真正的纸币诞生的标志是1694年英格兰银行的成立，作为全世界诞生的第一家中央银行，英格兰银行正式发行了纸币，并使得纸币在西方国家成功地流通。

三、货币的职能

货币的职能是指货币在经济生活中所起的作用。随着商品经济的发展，货币逐步具备了价值尺度、流通手段、支付手段、储藏手段和世界货币五种职能。

1. 价值尺度

价值尺度就是以货币作为尺度来表现和衡量其他一切商品价值的大小。货币是衡量商品价值大小的尺度，正如尺子是衡量物品长短的尺度一样。货币之所以能充当价值尺度，是因为货币也是商品，也有价值。货币产生以后，一切商品的价值都由货币来表现，商品价值的大小就表现为货币的多少。

商品价值的货币表现就是商品的价格。当货币在执行价值尺度职能时，只是观念上或想象中的货币就可以，不需要真的货币，只要在商品旁边放上一张标签，上面写上相应的价格。商品价格的高低，一般来说与商品本身价值大小成正比。有了货币单位以后，价格以一定数量的货币单位表现商品的价值，如一个书包标价20元，就是说书包的价值为20元。

知识链接

货币的计量单位

货币充当价值尺度，自身必须有一定计量单位。当金、银作为货币时，就要求确定金、银的计量单位，这种计量单位叫作货币单位。最初往往就是按习惯采用原来金、银重量单位的名称，例如，我国历史上用白银作货币时，就以“两”作为货币单位。英国的货币名称“镑”，原来就是指1英镑白银。后来，货币名称与金、银重量单位名称逐渐分离了。各国都规定了货币单位，英国的货币单位叫英镑，美国的货币单位叫美元，中国的货币单位叫元。

2. 流通手段

最初的商品交换是直接的物物交换，它的公式是：商品—商品。货币出现以后，商品所有者首先把商品交换成货币，再用货币去换商品，货币就成了商品交换的媒介。以货币为媒介的商品交换叫作商品流通，这时的公式就变为：商品—货币—商品。货币充当商品交换媒介的职能叫作流通手段，在商品买卖中所看到的货币作用，就是流通手段的职能。作为流通手段的货币，不能是观念上的货币，必须是实实在在的货币。任何一个货主绝不会允许别人用空话拿走他的商品，这就是人们在买卖东西时常说的“一手交钱，一手交货”的道理。

3. 支付手段

货币执行支付手段职能是指货币用来清偿或支付税赋、租金、工资等职能。这一职能是随着商品交换过程中赊账买卖的出现而产生的。

4. 储藏手段

储藏职能就是指货币被人们当作一种储藏财富的手段。为了保值增值，很多人愿意把多余的或不经常使用的钱存在银行里，作为一笔财富储藏起来。

5. 世界货币

世界货币是指货币在国际市场上作为一般等价物的职能。国际上各国的货币通过汇率作为交换的比率，因此人们可以在国际市场上购买国外的商品，国家之间可以以货币作为媒介用于国际收支活动。这就是货币作为一种公共产品在国与国之间进行流通时产生的一种特殊功能。

知识链接

虚拟货币

虚拟货币在经济学中有两种含义。

第一种虚拟货币的原形是由某国主要贸易伙伴币种间进行组合构成的，是为了保持该国汇率稳定而虚拟出的一种不存在的货币。例如，中国将人民币的汇率从盯住美元这一单一货币变为盯住一篮子货币的情况，这里所说的“一篮子货币”就是一种虚拟货币。

第二种虚拟货币是指电子货币，是纸币的电子化。它必须由依法设立的金融机构来发行，用自己库存的现金作为担保，受到社会及其他金融机构的

普遍认可，逐渐成为一种普遍接受的支付媒介。支付宝、微信支付和手机银行等都是电子货币。电子货币可以提高货币发行及使用的便利性，它的产生和流通使得实体货币和观念货币相分离，使真实货币演变成为虚拟货币。

第三节 价值规律

商品世界千变万化：有人争相购买，有人竞相抛售；有人曾经腰缠万贯，转瞬却又倾家荡产……为什么会这样呢？学习了有关价值规律的知识，同学们就会明白其中原委。

一、价值规律的基本内容

在市场上，我们发现同一商品的价格，有时高有时低，有的地方高有的地方低，不同商品更是不同价格，令人眼花缭乱的价格变化有没有规律可循呢？肯定是有的，这就是价值规律。

价值是指凝结在商品中无差别的人类劳动，因此，商品价值量的衡量取决于社会的必要劳动时间。这里的劳动时间指“在现有社会正常的生产条件下，在社会平均的劳动熟练程度和劳动强度下，制造某种使用价值所需要的劳动时间”。这里所说的现有的、正常的生产条件，是指现时某一生产部门大多数产品生产的技术装备水平。但在实际情境中，商品的真实价值取决于许多因素，而且像建筑设计、艺术创造等脑力劳动产物更有着复杂的价值衡量基准，不可一概而论。

价值规律的研究对象是商品的价格变化规律。它的主要内容有两条：第一，商品的价值量是由生产这种商品的社会必要劳动时间决定的；第二，商品交换要以价值量为基础，实行等价交换。通过价值规律的两点内容可以看出，商品交换与个人意志无关，因此，价值规律是不以人的意志为转移的。

价值规律要求商品交换按等价原则进行，也就是要求商品价格和价值相符合。因为，商品交换实质上是商品生产者之间互相交换自己的劳动，两种商品都按照社会必要劳动时间决定的价值量进行等价交换，才能使交换成为互惠互利的事情。如果不是等价交换，交换的一方占便宜，另一方就得吃亏，商品交换就不能长久持续下去，商品生产也就无法进行了。

二、价值规律的表现形式

自从货币出现以后，商品价值都用货币来衡量，商品价值的货币表现就是商品的价格。价格围绕价值上下波动是价值规律的表现形式。价值规律要求商品实行等价交换，即按价值决定的价格交换。但在实际的市场上，经常发生价格与价值相背离的情况。这是因为商品价格的高低，除了取决于价值变化外，还要受其他因素特别是商品供求状况的影响，当某种商品供过于求时，必然发生卖者同卖者的竞争，从而使价格低于价值。这会使商品生产者减少或停止该种商品的生产，从而改变供求关系，导致价格上升。当某种商品供不应求时，必然发生买者同买者的竞争，从而使价格高于价值。这会使商品生产者增加该种商品的生产，从而改变供求关系，导致价格下降。这样就形成了一个价格上下波动的曲线运动。

价格的涨落总是围绕着价值这个中心。供求关系和价格的变动相互影响，导致价格以价值为中心上下波动做曲线运动。在这个运动中，社会必要劳动时间决定商品价值量始终作为一种趋势、一个规律在起作用。所以说，价格以价值为基础并受供求关系的影响，围绕价值上下波动，不仅不是违背价值规律，而且正是价值规律的表现形式。

在现实生活中，价格上涨或下降，都不会距离价值太远，价格不能无限制地上涨，也不能无限制地下降，价格的上下波动总是围绕价值这个中心的。例如，无论自行车的供求关系如何变化，价格如何波动，1 辆自行车的价格总不会高于 1 辆汽车，也不会低于 1 辆普通的儿童玩具车。这是因为，三者的价值有很大差异，它们的价格都是在自身价值的基础上发生波动。虽然价格时涨时落，但从一个较长的时间来看，商品的价格总的来说仍然是与价值相符合的。

图 1—4 所示的大米价格涨落也很好地体现了价值规律，可以看出，大米的价格一直在一个区间内浮动，且变化率不大。大米的生产技术已趋于成熟，生产时间基本相同，保证了大米的价值稳定，社会对大米的需求量保证了农产品的交易量，这两点使大米的价格符合价值规律。

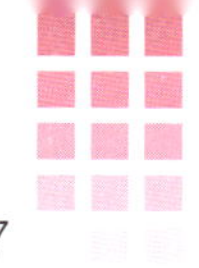

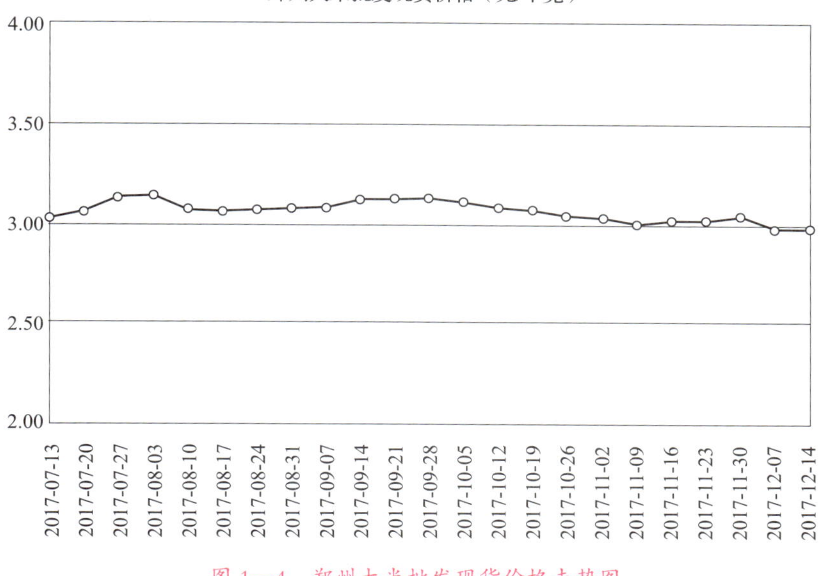

图 1—4 郑州大米批发现货价格走势图

三、价值规律的作用

价值规律体现了商品价值在交换中的规律，也起到了稳定市场交易的作用，主要体现为三点。

1. 调节生产资料在各部门的分配

供求价格、利润、生产之间有着紧密的内在联系：当商品供不应求时，引起价格上涨，使价格高于价值，因有利可图，许多商品生产者会被吸引进来生产这种商品，从而使这个部门的生产资料和劳动力增加，扩大生产。反之，当商品供过于求，引起价格下跌，使价格低于价值，因无利可图，许多商品生产者会放弃这种商品生产，从而使这个部门的生产资料和劳动力减少，缩减生产。价格的涨落是市场供求变化的“晴雨表”，向商品生产者传递市场供求状况信息，使其做出生产什么、生产多少的策略。价值规律就是这样作为一种生产者背后发生作用的自发力量，调节着生产资料和劳动力在各部门之间的分配，使社会上有限的资源配置合理化，调节着商品生产和商品流通，并使社会各生产部门之间维持大体平衡的比例关系。

2. 刺激商品生产者改进技术，改善经营管理，提高生产效率

商品的价值量是由社会必要劳动时间决定的，商品的买卖是以价值量为基础进行的。不同的商品生产者，由于生产技术和经营管理方面的差别，其生产商品所耗费的个别劳动时间就会有多有少。那些个别劳动时间低于社会必要劳动时间

的生产者，就可以获得较多的利润，在竞争中处于有利地位。那些个别劳动时间高于社会必要劳动时间的生产者，在出售商品时，超出部分的个别劳动消耗不会得到社会承认和补偿，商品生产者就会亏损，处于劣势地位。因此，每个商品生产者总是力图改进技术，改善经营管理，以提高劳动生产率，使生产商品的个别劳动时间少于社会必要劳动时间，以获得更多的利润。价值规律犹如一条“无形的鞭子”，鞭策着每个商品生产者想方设法提高劳动生产率，从而推动整个社会生产力的发展。企业的成功之道在于不断进行技术改良和创新，改善经营管理，提高劳动生产率，开发满足市场需要的消费品。

3. 导致商品生产在竞争中优胜劣汰

由于价值规律决定了商品的价值、价格与利润的关系，商品的生产者不断追求低于社会平均价值量的商品，使得商品的价值下降，生产率上升。商品价值高于市场价值的就会逐渐被淘汰。

在甲午战争前后，外国企业在我国本土大量建厂，大量倾销高效率的工业制品，瓦解了原地的自然经济，其中一个典型的例子就是洋纱与土纱。洋纱由于是工业化制造，生产效率远远大于人工纺织的土纱，土纱一天大概织 10 匹，洋纱能织 1 000 匹，且洋纱价格更低，质量也好，于是大量占有市场（见图 1—5），土纱于是逐渐没落。这就是典型的价值规律引起的优胜劣汰。

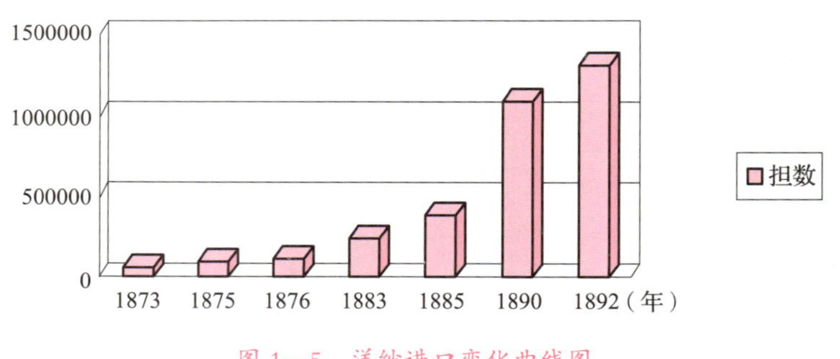

图 1—5　洋纱进口变化曲线图

练习题

一、填空题

1. 商品经济产生和存在的两个条件是（　　）和（　　）。

2. 商品经济在其发展过程中先后经历了（　　）、（　　）和（　　）三种类型。

3. 商品的两个因素是（　　）和（　　）。

4. 货币最基本的两个职能是（　　）和（　　）。

5. 商品经济的基本经济规律是（　　）。

二、单项选择题

1. 商品的本质因素是（　　）。

A. 使用价值　　B. 交换价值　　C. 价值　　D. 使用价值和价值

2. 劳动生产率提高了，同一社会必要劳动时间里创造的价值（　　）。

A. 增加　　B. 减少　　C. 不变　　D. 增减不定

3. 投入某种物质商品生产过程中的劳动量不变，如果劳动生产率提高，在单位劳动时间内生产的商品数量和单位商品的价值量，两者之间的变化表现为（　　）。

A. 商品数量增加，价值量不变　　B. 商品数量不变，价值量不变

C. 商品数量增加，价值量减少　　D. 商品数量增加，价值量增大

4. 货币的本质是（　　）。

A. 价值的表现形式

B. 价值形式发展的最后形态

C. 固定地充当一般等价物的特殊商品

D. 社会财富的体现物

5. 商品的价值量是由生产商品的社会必要劳动时间决定的，它是在（　　）。

A. 不同商品生产者之间的竞争中实现的

B. 同类商品生产者之间的竞争中实现的

C. 商品生产者和消费者之间的竞争中实现的

D. 商品生产者和销售者之间的竞争中实现的

三、名词解释

1. 商品

2. 价值

3. 商品经济

4. 社会必要劳动时间

5. 货币

6. 价值规律

四、简答题

1. 为什么说商品是使用价值和价值的矛盾统一体？
2. 商品经济的含义、产生条件和特点是什么？
3. 商品价值量和劳动生产率的关系是什么？
4. 简述价值规律的内容、表现形式及其作用。

五、综合题

材料：中国园艺学会的一些专家分析了我国水果业发展中存在的问题：一是不顾条件，盲目发展。一些地方不顾市场需求和本地实际，重形式、轻实效，要在公路两旁“一律”种果，弄得当地群众苦不堪言。个别地方已出现水果滞销，价格下降，果农增产不增收的现象。二是粗放经营，效益不高。目前我国果品平均亩产与先进国家差距很大。投产果园有30%为低产劣质园。有些果品的内在质量比较差，缺乏市场竞争力。因为单产低，质量差，所以效益不高。

（1）产生上述两个问题的根本原因是什么？

（2）请用价值规律对以上材料加以分析说明。

第二章
企业

学习目标：

◇ 了解企业的概念、组织形式及其行为和作用
◇ 熟悉不同类型企业的概念、分类、业务活动及功能
◇ 掌握个人独资企业、合伙企业及公司制企业的特征及设立条件
◇ 了解不同金融机构的类型及其主要职能

我们的日常生活都跟企业发生着或多或少的关系。比如去工厂参观、进商场购物、上银行取钱、向保险公司投保等。这里的工厂、商场、银行、保险公司都是企业。本章，我们来学习企业的内涵以及不同类型企业在我们生产、生活中的作用。

第一节 企业概述

一、企业的概念

1. 市场主体

市场主体是指在市场上从事经济活动，享有权利和承担义务的个人和组织体。

市场主体的内涵是指市场经济活动的参加者。市场经济活动也就是商品买卖活动，即交易活动，市场经济活动的参加者包括组织和个人两大类。因此，也可以说，“市场主体就是从事市场交换和为了交换而进行生产的人和人的群体”，也就是“市场上从事交易活动的组织和个人”。

市场主体的外延十分广泛，既包括独立的个人，也包括以一定组织形式出现的企业、团体；既包括营利机构，如工厂、商店、银行等，也包括非营利机构，如学校、医院和各种社会团体。在通常情况下，市场主体包括企业、居民、政府（政府作为宏观经济管理者也是市场主体）和其他非营利机构。除此之外，市场主体还包括一些中介性机构，如律师事务所、会计师事务所等。在众多的市场主体当中，企业是最重要，也是最基本的。

2. 企业的含义

企业是指依法设立的，从事生产、流通、服务等经营活动，以产品或服务满足社会需要，并以营利为目的，实行自主经营、自负盈亏、独立核算的社会经济组织。企业有以下四层含义：

（1）企业必须是从事经济活动的组织

企业是从事经济活动的组织，所谓经济活动主要包括生产、经营活动（经营指筹划并管理企业）以及满足生产和人民生活需要的服务性活动。从事除此之外活动的都不能称之为企业，如学校、国家机关、科研部门等就不能算企业。

（2）企业必须是一个独立的组织

企业需要独立地拥有必要的财产，有固定的经营场所，能进行独立核算，具有独立的经济利益。不满足上述条件的，像总厂下属的分厂、总公司下属的分公司就被排除在企业的范围之外。

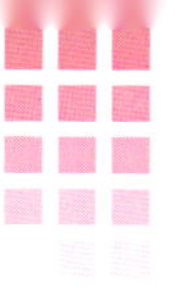

（3）企业必须是营利性组织

企业必须以营利为目的，并能以经济活动的收入抵偿支出，并有一定数量的余额，即利润，这是企业赖以生存和发展的必要条件。根据这个条件，我们可以明确两点：一是不以营利为目的就不能称为企业；二是作为企业，如果长期亏损、资不抵债，最终必然被兼并或宣告破产。企业的本质就是要以最小的投入取得最大产出的经济组织。

（4）企业必须是经济组织而非政治组织

企业是人与物相结合的经济组织，而非政治组织，所以人与人相结合的政治组织不能称为企业。

3. 企业的分类

常见的企业分类标准及分类如下：

（1）按资产构成和承担的法律责任划分为个人独资企业、合伙企业和公司制企业。

（2）按规模大小划分为大型企业、中型企业和小型企业。

（3）按生产经营领域划分为生产型企业、流通型企业、服务型企业和金融型企业。

（4）按出资者划分为内资企业、中外合资经营企业、中外合作经营企业和外商投资企业。

二、企业的组织形式

企业存在三类基本组织形式：个人独资企业、合伙企业和公司制企业。其中，公司制企业是现代企业中最主要、最典型的组织形式。

1. 个人独资企业

个人独资企业，是指依照《中华人民共和国个人独资企业法》（以下简称《个人独资企业法》）在中国境内设立，由一个自然人投资，财产为投资人个人所有，投资人以其个人财产对企业债务承担无限责任的经营实体。

（1）个人独资企业法律特征

1）由一个自然人（仅指中国公民）出资。国家机关、国家授权投资的机构或者国家授权的部门、企业事业单位等不能作为个人独资企业的设立人。

2）投资人对企业的债务承担无限责任。即当企业的资产不足以清偿到期债务时，投资人应以自己个人的全部财产用于清偿。

3）企业内部机构设置简单，经营管理方式灵活。

4）是非法人企业。

（2）个人独资企业的设立条件

根据《个人独资企业法》，设立个人独资企业应当具备下列条件：

1）投资人为一个自然人，且只能是中国公民，不包括港、澳、台同胞；国家公务员、党政机关领导干部、法官、检察官、警官、商业银行工作人员等，不得投资设立个人独资企业。

2）有合法的企业名称。企业名称应与其责任形式及从事的经营业务相符合。名称中不得出现“有限”“有限责任”或者“公司”字样，可以叫厂、店、部、中心、工作室等。

3）有投资人申报的出资。投资人可以用货币、实物、土地使用权、知识产权或者其他财产权利出资。《个人独资企业法》对出资数额并未作限制。投资人可以个人财产出资，也可以家庭共有财产作为个人出资。以家庭共有财产作为个人出资的，投资人应当在设立（变更）登记申请书上予以注明。

4）有固定的生产经营场所和必要的生产经营条件。

5）有必要的从业人员。

2. 合伙企业

合伙是指两个及以上的人为着共同目的，相互约定共同出资、共同经营、共享收益、共担风险的自愿联合。合伙企业是指自然人、法人和其他组织依照《中华人民共和国合伙企业法》（以下简称《合伙企业法》）在中国境内设立的普通合伙企业（其中包括特殊的普通合伙企业）和有限合伙企业。

（1）普通合伙企业

普通合伙企业是指由普通合伙人组成，合伙人对合伙企业债务依照《合伙企业法》规定承担无限连带责任的一种合伙企业。

根据《合伙企业法》的规定，设立普通合伙企业，应具备下列条件：

1）有两个以上的合伙人。合伙人可以是自然人，也可以是法人或其他组织。除法律另有规定外，这些人的组成不受限制。合伙人是自然人的，应当具有完全民事行为能力。国有独资公司、国有企业、上市公司以及公益性的事业单位、社会团体不得成为普通合伙人。

2）有书面合伙协议。合伙协议经全体合伙人签名、盖章后生效。修改或补充合伙协议，应经全体合伙人一致同意；但是，合伙协议另有约定的除外。

3）有合伙人认缴或者实际缴付的出资。合伙人可以用货币、实物、知识产权、土地使用权或者其他财产权利出资，还可以用劳务出资。合伙人以实物、知识产权、土地使用权或者其他财产权利出资，需要评估作价的，可以由全体合伙人协商确定，也可以由全体合伙人委托法定评估机构评估；合伙人以劳务出资的，其评估办法由全体合伙人协商确定，并在合伙协议中载明。合伙人应当按照合伙协议约定的出资方式、数额和缴付期限履行出资义务。以非货币财产出资的，依照法律、行政法规的规定，需要办理财产转移手续的，应当依法办理。

4）有合伙企业的名称和生产经营场所。普通合伙企业应当在名称中标明“普通合伙”字样，其中，特殊的普通合伙企业应当在名称中标明“特殊普通合伙”。合伙企业的名称必须和“合伙”联系起来，名称中必须有“合伙”字样。

5）法律、行政法规规定的其他条件。

（2）有限合伙企业

有限合伙企业是指由有限合伙人和普通合伙人共同组成，普通合伙人对合伙企业债务承担无限连带责任，有限合伙人以其认缴的出资额为限对合伙企业债务承担责任的合伙组织。

与普通合伙企业相比较，有限合伙企业具有以下特征：

1）在经营管理上，普通合伙企业的合伙人一般均可参与企业的经营管理；而有限合伙企业的有限合伙人不执行合伙事务，由普通合伙人从事具体的经营管理。

2）在风险承担上，普通合伙企业的合伙人之间对合伙债务承担无限连带责任；有限合伙企业的有限合伙人以其各自的出资额为限承担有限责任。

知识链接

特殊的普通合伙企业

特殊的普通合伙企业，是指以专业知识和专门技能为客户提供有偿服务的专业服务机构（如会计师事务所、律师事务所等），其名称中应当标明“特殊普通合伙”字样。特殊的普通合伙企业适用普通合伙企业的一般规定，其特殊性主要体现在债务责任的承担上。

（1）特定债务。对外：无限连带责任与有限责任相结合。一个合伙人或者数个合伙人在执业活动中因故意或者重大过失造成合伙企业债务的，应当承担无限责任或者无限连带责任，其他合伙人以其在合伙企业中的财产份额为限承担责任。对内：责任追偿。合伙人执业活动中因故意或者重大过失造成的合伙企业债务，以合伙企业财产对外承担责任后，该合伙人应当按照合伙协议的约定对给合伙企业造成的损失承担赔偿责任。

（2）普通债务。无限连带责任。合伙人在执业活动中非因故意或者重大过失造成的合伙企业债务以及合伙企业的其他债务，由全体合伙人承担无限连带责任。

3. 公司制企业

公司是指依法设立的，以营利为目的的企业法人。我国《公司法》规定的公司形式仅为有限责任公司和股份有限公司，公司具有企业的所有属性，因此公司是企业。但是公司与企业又不是同一概念，二者是种属关系，凡公司均为企业，但企业未必都是公司。公司只是企业的一种组织形态。

（1）有限责任公司

根据《公司法》规定，设立有限责任公司应当具备以下条件：

1）股东符合法定人数。有限责任公司由 50 个以下股东出资设立。允许设立一人有限责任公司。同时，出资设立公司的股东还要符合相应的资格条件。

2）有符合公司章程规定的全体股东认缴的出资额。

3）股东共同制定公司章程。公司章程是记载公司组织、活动基本准则的公开性法律文件。设立有限责任公司必须由股东共同依法制定公司章程，股东应当在公司章程上签名、盖章。公司章程对公司、股东、董事、监事、高级管理人员具有约束力。

4）有公司名称，建立符合有限责任公司要求的组织机构。

5）有公司住所。设立公司必须有住所，公司以其主要办事机构所在地为住所。

（2）股份有限公司

设立股份有限公司，应当具备下列条件：

1）发起人符合法定人数。发起人是指依法筹办创立股份有限公司事务的人。发起人可以是自然人，也可以是法人；可以是中国公民，也可以是外国公民。设立股份有限公司，应当有 2 人以上 200 以下为发起人，其中，须有半数以上的发起人在中国境内有住所。股份有限公司发起人承担公司筹办事务。

2）有符合公司章程规定的全体发起人认购的股本总额或者募集的实收股本总额。采取发起方式设立的，注册资本为在公司登记机关登记的全体发起人认购

的股本总额。在发起人认购的股份缴足前，不得向他人募集股份。采取募集方式设立的，注册资本为在公司登记机关登记的实收股本总额。

3）股份发行、筹办事项符合法律规定。

4）设立公司必须依法制定公司章程。公司章程对公司、股东、董事、监事、高级管理人员具有约束力。发起设立的股份有限公司，由全体发起人共同制定公司章程；募集设立的股份有限公司，发起人制定公司章程后，还应召开有其他认股人参加的创立大会，并经出席会议的认股人所持表决权的半数以上通过，方为有效。

5）有公司名称，建立符合股份有限公司要求的组织机构。

6）有公司住所。

知识链接

有限责任公司与股份有限公司的主要区别

主要区别	有限责任公司	股份有限公司
股东人数限制不同	上限为 50 人，无下限规定	没有上限，只规定应当有 2 人以上 200 人以下为发起人
资本募集方式不同	只能由发起人认缴，不允许向社会筹集	可以向社会公开募集或向特定对象募集
注册资本体现方式不同	注册资本不划分为等额股份	注册资本划分为等额股份，股东一般依其所持股份数额行使权力
股权的表现形式不同	出资证明书	股票
股权转让方式不同	股东转让其股权受到一定法律限制	股票一般可以依法自由转让，还可以依法在证券交易所上市交易
组织机构不同	设置较为灵活。公司股东人数较少或者规模较小，可以不设董事会，只设一名执行董事	必须依法设置股东大会、董事会、监事会
所有权与经营权分离程度不同	两权分离程度较低，股东大多通过出任经营职务直接参与公司的经营管理，决定公司事务	两权分离程度较高
信息披露义务不同	有限责任公司具有封闭性，不受此限制	股份有限公司具有开放性，尤其是向社会募股的公司，负有法定的信息披露义务，其财务状况和经营情况等要依法进行公开披露

知识链接

法　人

根据《民法通则》的规定："法人是具有民事权利能力和民事行为能力，依法独立享有民事权利和承担民事义务的组织。法人的民事权利能力和民事行为能力，从法人成立时产生，到法人终止时消灭。"我国主要法人形式包括国家机关、事业单位、社会团体和企业。

三、企业的行为

现代企业的行为是指企业作为经济主体，在一定经营目标支配下，对经济环境的变化所做出的现实反应，包括生产行为、分配行为、金融行为、重组与并购行为和创新行为等五方面。现代企业的行为构成企业经营管理活动的主要内容。

1. 生产行为

现代企业的生产行为是指企业为了实现利润最大化目标，按照投入产出相抵收益最大的原则，对发生在生产过程中的生产要素投入和产品产出进行决策的行为。它主要涉及生产要素的最佳配置、短期最优产出决策和长期最优产出决策三个方面的内容。

2. 分配行为

工资性收入分配和利润分配构成现代企业的分配行为。工资性收入分配是在企业生产过程中作为劳动力生产要素支出进入成本，而利润分配发生在生产经营过程结束之后，是对企业盈利进行的分配。企业盈利分配与个人分配的区别就在于它涉及在国家、企业所有者、作为法人的企业及职工等多个经济主体之间进行的利益分割。

3. 金融行为

企业金融行为指的是企业在生产经营过程中进行的资金筹集、运用等活动。企业金融是为企业生产经营服务的，为了自身的再生产或商业活动而筹集资金，它的资金运用不是为了生息，而是谋求更高的收益。企业金融行为包括进行财务分析、预测、计划和预算，进行与资金筹集和使用相关的金融决策，开展金融行为控制和金融行为监督，参与金融市场，防范资金风险等。

4. 重组与并购行为

（1）企业重组行为

企业重组是对企业的资金、资产、劳动力、技术、管理等要素进行重新配置，构建新的生产经营模式，使企业在发展中保持竞争优势的经营活动。企业是各种生产要素的有机组合，对各种生产要素进行最佳组合，实现资源的优化配置和利用是企业的基本功能。在外部竞争日益加剧的情况下，通过企业重组来实现企业要素的再组合就成为企业保持竞争优势、培育和发展企业核心竞争力的重要手段。

知识链接

企业重组行为方式

企业重组行为主要包括兼并、合并与收购三类。

（1）兼并。兼并是指一个企业通过购买等有偿方式取得其他企业的产权，使其失去法人资格或虽保留法人资格但变更投资主体的一种行为。

（2）合并。合并是指两个或两个以上的公司依照公司法规定的条件和程序，通过订立合并协议，共同组成一个公司的法律行为。公司合并可以采取吸收合并和新设合并两种形式。一个公司吸收其他公司为吸收合并，被吸收的公司解散。两个以上公司合并设立一个新的公司为新设合并，合并各方解散。

（3）收购。收购是指一个企业以购买另一企业的全部或部分股票或资产的方式获取对该企业控制权的行为。收购的目标是获得对方企业的控制权，对方企业的法人地位并不消失。收购的对象一般分为两种：股权和资产。其区别在于收购股权为购买一家企业的股份，同时承担相应的债务，收购方将成为被收购方的股东；收购资产仅为一种资产买卖行为，收购方并未获得被收购方的股份，因而不用承担其债务。

（2）企业并购行为

企业并购是企业法人在平等自愿、等价有偿基础上，以一定的经济方式取得其他法人产权，致使其他企业丧失法人资格或改变法人实体，并取得对该企业的决策控制权的经济行为，是企业进行资本运作和经营的一种主要活动。

（3）企业重组行为和并购行为的联系和区别

企业重组行为和并购行为涉及的都是企业产权关系的变动，但它们所指向的侧重点则有所不同。企业重组侧重于由各项生产要素变动而引起的企业资产关系的变化，通过实业资本、金融资本、产权资本和无形资本的重新组合，实现优化企业资产结构，提高企业总体质量的目标，最终建立起在市场中具有强势地位的资产组织体系，以应对日益激烈的市场竞争。资产重组后，企业所占有的资产形态和数量通常会发生改变。而企业并购则侧重于企业股权、控制权的转移和变动。对于企业来说，即使企业的控股权发生了变化，只要不发生资产的注入或剥离，其所拥有的资产总量并未发生变化，变化的只是企业的所有权结构而已。

在现实的经济活动当中，企业重组与企业并购常常是交互发生的，先并购后重组，或先重组、再并购、再重组在资本运作中是经常发生的，这些行为之间并没有严格的界限。在市场经济中，企业重组和企业并购都是服从企业追求利润最大化经营目标和适应竞争需要的市场化的产权交易行为。

5. 创新行为

企业创新行为是企业通过引进新产品或赋予产品新质量、采用新技术或新的生产方法、开辟新市场、获得一种新原材料或半成品的新供给来源、实行新的企业组织形式等方式而获得超额利润、赢得竞争优势的经济活动。

企业创新行为可以概括为技术创新和制度创新两种类型。技术创新是运用新技术以开发新资源、创造新产品为内容的活动，它与技术变革有密切关系，但也不仅仅限于技术变革本身，如新原材料或半成品的新来源常是技术改变的结果，技术创新强调技术变革的商业价值实现。制度创新是对企业组织形式的变革，它包括企业制度、企业组织方式和管理体制等方面的创新。

四、企业的作用

1. 企业是市场经济活动的主要参加者

企业是商品生产和流通的直接承担者，企业从市场上购买原材料和机器设备，招聘工人，然后对原材料进行加工，为社会提供满足生产和生活需要的物质产品和服务。企业在社会经济生活中，既是商品的生产者，又是商品的消费者。离开了企业，社会经济活动就会停止。

2. 企业是推动科学技术进步的主要力量

企业在生产过程中，为了提高劳动效率，不断改进劳动方法和劳动工具，进而促进了生产力的发展。很多发明和创造也必须在企业生产实践中加以验证，得

到推广，才能转化为生产力。因此，企业是推动科学技术进步的主要力量。

3. 企业是社会财富的主要创造者

企业在参与市场经济活动的过程中积累的财富以税收、向上级管理者上缴利润等形式反馈社会。人民军队的强大，铁路、公路等基础设施的建设，民众各种社会保障的日趋完善，都离不开企业对社会的巨大贡献。目前，我国企业提供的税收和利润占到国家财政收入的 80% 以上。

第二节　工商企业

我们经常去商场购买衣服等商品，这里的商场就是商业企业；而衣服等商品，是由制衣公司等工业企业生产、制造出来的。本节主要讲解工业企业和商业企业的含义及其运行规律。

一、工商企业的概念及分类

1. 工业企业的概念及分类

（1）工业企业的概念

工业企业是指采掘自然物质资源和对各种原材料进行加工制造的社会生产企业。工业企业在国民经济中占有主导作用，它是随着生产力的发展，从农业中分离出来的。先是有手艺的个人随着技术的进步、用工人数的增加，逐步演变成为家庭式作坊，在资本主义制度确定以后，又逐渐发展为机器大工业企业形式。此时，工业企业才成为社会生产中一个独立的企业类型。

（2）工业企业的分类

工业企业分为重工业和轻工业，重工业是为国民经济各部门提供物质技术基础的主要生产资料的工业，轻工业主要是提供生活消费品和制作手工工具的工业，具体分类如下：

1）重工业。按其生产性质和产品用途，可以分为下列三类：

①采掘（伐）工业，是指对自然资源的开采，包括石油开采、煤炭开采、金属矿开采、非金属矿开采和木材采伐等工业。

②原材料工业，是指向国民经济各部门提供基本材料、动力和燃料的工业。

包括金属冶炼及加工、炼焦及焦炭、化学、化工原料、水泥、人造板以及电力、石油和煤炭加工等工业。

③加工工业，是指对工业原材料进行再加工制造的工业。包括装备国民经济各部门的机械设备制造工业、金属结构、水泥制品等工业，以及为农业提供的生产资料如化肥、农药等工业。

2）轻工业。按其所使用的原料不同，可分为两大类：

①以农产品为原料的轻工业，是指直接或间接以农产品为基本原料的轻工业。主要包括食品制造、饮料制造、烟草加工、纺织、缝纫、皮革和毛皮制作、造纸以及印刷等工业。

②以非农产品为原料的轻工业，是指以工业品为原料的轻工业。主要包括文教体育用品、化学药品制造、合成纤维制造、日用化学制品、日用玻璃制品、日用金属制品、手工工具制造、医疗器械制造等工业。

2. 商业企业的概念及分类

（1）商业企业的概念

商业企业全称商品流通企业，是从事商品购销的行业，它是工业和农业之间、城市和乡村之间、生产和消费之间及国内市场和国际市场之间的纽带，是国民经济的一个重要组成部分。

（2）商业企业的分类

1）按经营的商品不同，商业企业可分为：

①商业企业，主要经营人民群众生活资料的企业。

②粮食企业，主要进行粮食购销的企业。

③供销合作社，主要经营农业生产资料的企业。

④物资经营企业，主要经营工业生产资料的企业。

⑤其他商业企业，如对外贸易企业、图书发行企业等。

2）按在商品流通中的地位和作用不同，商业企业可分为：

①批发企业，指向生产企业或其他企业购进商品，供应给零售企业或其他批发企业用以转售，或供应给其他企业用以进一步加工的商品流通企业。它处于商品流通的起点或中间环节，是组织城乡之间、地区之间商品流通的桥梁。

②零售企业，指通过批发企业或生产企业购进商品，销售给个人消费，或销售给企事业单位等用以生产和非生产消费的商品流通企业，是直接为人民生活服务的基层商品流通企业。

二、工商企业经济活动与资金运动规律

1. 工商企业的经济活动

在日常经营活动中，企业根据客户需求，循着供应、生产、销售三个经营过程，会发生一系列与现金、银行存款有关的经济活动。

企业经营的起点是从调查市场需求开始的。在市场经济中，只有把握市场热点，充分了解客户需求，才能让企业的产品在激烈的竞争中脱颖而出。第二环节是销售。在现代产品同质化的竞争中，商品大部分都具有可替代性，这时，如果盲目生产，就会造成资金大量积压，库存巨大，给企业带来经营风险，因此要充分了解市场需求，做好市场预测。获取订单后，接下来就是生产，包括生产设计、生产准备、采购、生产人员的管理、构建生产线、优化流程、改造技术以及仓储等多个环节。这里考验的是各部门的协同性，任何一个部门的失误，都可能造成交不了货的违约风险。顺利交货后，资金就以现金或债权的方式回到了企业。这就是一个基本的生产经营活动流程。可以简单概括为销售→预算→生产准备→交货→形成债权→资金回笼。

2. 工商企业的资金运动规律

如图 2—1 所示，资金运动从筹集资金开始，投资使用资金，生产经营运用资金，最后取得利润进行分配。因此，企业经营过程实质是一个资金保值增值的过程。资金在生产过程中被消耗，最后又以货币的形式回流到企业，这是企业价值的实现过程，在这个过程中，资金得到了增值。

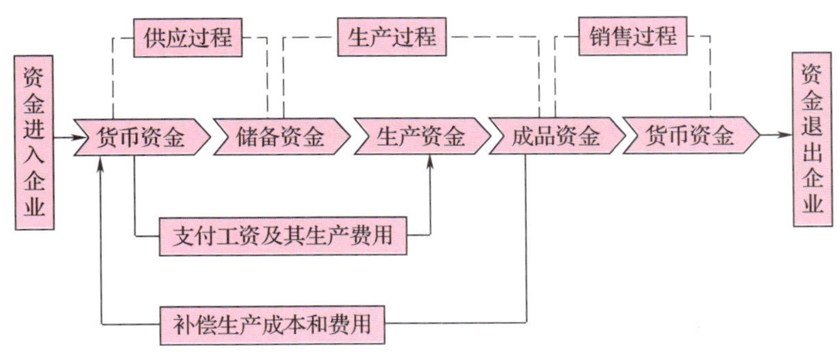

图 2—1 资金运动图

（1）资金的投入

无论是工业企业还是商业企业，资金的投入渠道都有两个：第一，企业所有者投入的资金，如以货币或其他形式投资；第二，向金融机构、其他单位、个人借入的资金，如贷款、发行债券等。

（2）资金的循环和运转（见表2—1）

表2—1　资金的循环和运转

企业类型	过程类型	说明
工业企业	供应过程	此过程是工业企业的初始环节，主要经济活动有：购买原材料等劳动对象，发生材料买价、运杂费等材料采购成本，与供货单位发生货款结算关系
	生产过程	此过程是工业企业的中心环节，在此过程中，劳动者借助劳动工具将劳动对象加工成特定产品，发生原材料的耗费、固定资产的磨损、支付工人工资等经济活动
	销售过程	此过程是工业企业的最终环节，主要经济活动有：将商品销售出去取得销售收入，计算税费，发生销售费用，计算盈亏，向相关单位或人员报告
商业企业	购进过程	此过程是商品流通的起点，主要经济活动有：向工农业生产部门或个体生产者购进商品，从国外购进商品，从同类企业购进商品
	储存过程	此过程是商品购进与商品销售的中间环节，主要经济活动有：储存商品，代管商品等
	销售过程	此过程是商品流通的终点，主要经济活动有：销售商品，取得销售收入，计算税金，发放工资，计算盈亏，向相关部门或人员报告

（3）资金的退出

企业资金的退出包括偿还各种债务，缴纳税金，向所有者分配利润等经济活动。资金通过上述流动后便离开企业，退出本企业的资金循环与周转。

资金运动的三个阶段构成了开放式的运动形式，是相互支撑、相互制约的统一体。没有资金的投入，就不会有资金的循环与运转；没有资金的循环与运转，就不会有债务的偿还、资金的上交和利润的分配等；没有这类资金的退出，就不会有新一轮的资金投入，就不会有企业的进一步发展。工商企业的资金就是这样周而复始、循环往复的运动，为工商企业带来滚滚财富，为国家、为社会带来巨大的社会效益与经济效益。

第三节　金融机构

在一个发达的信用经济体系中，以中央银行为中心，商业银行为主体，各类银行和非银行的金融中介机构并存，构成了现代世界各国的金融机构体系。

一、金融机构的含义

1. 金融机构的概念

金融机构的概念有狭义和广义之分。

狭义的金融机构一般指金融活动的中介机构，即在间接融资领域中作为资金余缺双方交易的媒介，专门从事货币、信贷活动的机构，主要指银行和其他从事存贷款业务的金融机构。该类金融机构与货币的发行和信用的创造联系密切，主要是中央银行和商业银行等金融机构。

广义的金融机构则是指所有从事金融活动的机构，包括直接融资领域中的金融机构、间接融资领域中的金融机构和各种提供金融服务的机构。直接融资领域中的金融机构的主要任务是充当投资者和筹资者之间的经纪人，即代理买卖证券，有时自身也参加证券交易，如证券公司和投资银行等。

对金融机构含义的认识，是随着市场经济体系中金融机构的发展而逐步深化的。早期从铸币兑换业演变而来的金融机构（即银行），主要从事货币的汇兑和存贷款业务。以后，随着金融市场的迅速发展，产生了直接融资领域中的金融机构。20 世纪 50 年代，由于金融业的激烈竞争，产生了各种从事金融服务性业务的金融机构。因此，金融机构的含义也逐步拓宽，由单一的金融中介机构而变为广泛从事各种金融活动的机构。

2. 金融机构的性质

从金融机构产生的历史过程来看，它是一种以追逐利润为目标的金融企业。它所经营的对象不是一般企业所经营的普通商品，而是一种特殊的商品——货币资金。金融机构与普通企业所不同的是：它的业务活动领域是货币信用领域，信用业务是其经营活动的主要特征；它和普通企业取得利润的方式不同，不是直接从生产和销售过程中取得，而是通过金融活动来取得。

3. 金融机构的职能

金融机构在信用高度发达的市场经济体系中具有以下几种职能：

（1）充当企业之间的信用中介。信用中介是金融机构最基本、最能反映其经营活动特性的职能。金融机构作为信用中介，一方面动员和集中一切闲置的货币资金，另一方面则借助于信用，把这些货币资金投向国民经济的各部门。金融机构通过信用中介职能，实现包括资金盈余企业在内的社会闲置资金向资金短缺企业的资金融通，从而使借贷资金得到最有效的利用，在不改变社会资本总量的条件下，扩大了再生产的规模，加速提高了生产率。

（2）充当企业之间的支付中介。作为支付中介，是指通过存款在账户上的转移，代理客户支付；在存款的基础上，为客户兑付现款等。在这里，金融机构成为工商企业的货币保管者、出纳员和支付代理人。金融机构之所以能成为企业支付的中介，是因为它具有较高的信誉和较多的分支机构。金融机构作为支付中介，大大减少了现金的使用，加速了货币资金的周转，促进了社会再生产运动。

（3）变货币收入和储蓄为资本。这项职能是信用中介职能的延伸。金融机构作为信用中介，最初只是在资金盈余企业和资金短缺企业之间进行资金融通。随着银行事业的发展，个人收入和储蓄也被银行汇集起来放贷给企业，这样，非资本的货币就转化为货币资本。银行把非资本的货币转化为货币资本，扩大了社会资本的总量，从而使社会再生产以更快的速度增长。

（4）创造各种信用工具。这项职能是支付中介职能的延伸。由于银行支付中介职能的存在，流通中出现了银行券和支票这两种信用工具。这些信用工具被投入流通，代替了很大一部分金属货币的流通，既减少了流通费用，又为经济发展的需要提供了更多的流通手段和支付手段。非生产性流通费用的节约，使可利用到生产中去的资本数量增多。随着银行支付中介职能的发展和计算机在银行业务中的广泛运用，银行卡被广泛用于存取款和转账支付，如信用卡、储蓄卡、支票卡等成为新型金融服务工具。银行卡的使用，不仅减少了现金和支票的流通，而且使银行业务由于突破了时间和空间的限制而发生了根本性的变化。

（5）金融服务职能。金融机构不仅作为工商企业的信用中介和支付中介，而且还发挥着金融服务职能。由于金融机构联系面广，信息比较灵通，特别是随着计算机在业务中的广泛应用，使其具备了为客户提供信息服务的条件，这样，咨询和决策服务便应运而生。工商企业生产和流通专业化的发展，要求把一些货币业务转交给金融机构代为办理，如代发工资、代理支付各项费用等。此外，金融机构还办理租赁业务、信托业务等各项金融服务性业务。

4. 金融机构的分类

按照不同的标准，金融机构可以划分为不同的类型。

（1）货币当局。中国人民银行、国家外汇管理局。

（2）监管当局。中国银行保险监督管理委员会、中国证券监督管理委员会。

（3）银行业存款类金融机构。银行、城市信用合作社（含联社）、农村信用合作社（含联社）、农村资金互助社、财务公司。

（4）银行业非存款类金融机构。信托公司、金融资产管理公司、金融租赁公司、汽车金融公司、贷款公司、货币经纪公司。

（5）证券业金融机构。证券公司、证券投资基金管理公司、期货公司、投资咨询公司。

（6）保险业金融机构。财产保险公司、人身保险公司、再保险公司、保险资产管理公司、保险经纪公司、保险代理公司、保险公估公司、企业年金。

（7）交易及结算类金融机构。交易所、登记结算类机构。

（8）金融控股公司。中央金融控股公司、其他金融控股公司。

（9）新兴金融企业。小额贷款公司、第三方理财公司、综合理财服务公司。

二、货币当局与监管当局金融机构

1. 货币当局金融机构

货币当局，是指代表国家制定并执行货币政策和金融运行规则，管理国家储备，从事货币发行与管理，与国际货币基金组织交易，向其他存款性公司提供信贷以及承担其他相关职能的金融机构或政府部门。我国的货币当局是中国人民银行和国家外汇管理局。

（1）中国人民银行

中国人民银行，是我国的中央银行，即银行的银行，是国务院的组成部门。中国人民银行是在国务院领导下，制定和执行货币政策，对金融业实施监督管理的宏观调控部门。

知识链接

中国人民银行的主要职责

（1）发布与履行其职责有关的命令和规章。

（2）依法制定和执行货币政策。

（3）发行人民币，管理人民币流通。

（4）监督管理银行间同业拆借市场和银行间债券市场。

（5）实施外汇管理，监督管理银行间外汇市场。

（6）监督管理黄金市场。

（7）持有、管理、经营国家外汇储备、黄金储备。

（8）经理国库。

（9）维护支付、清算系统的正常运行。

（10）指导、部署金融业反洗钱工作，负责反洗钱的资金监测。

（11）负责金融业的统计、调查、分析和预测。

（12）作为国家的中央银行，从事有关的国际金融活动。

（13）国务院规定的其他职责。

（2）国家外汇管理局

国家外汇管理局是国务院的一个金融机关，是中国人民银行下的一个分支机构，负责管理外汇收支、买卖、借贷、转移以及国际间的结算、外汇汇率和外汇市场。

2. 监管当局金融机构

（1）中国银行保险监督管理委员会

中国银行保险监督管理委员会是国务院直属正部级事业单位，根据国务院授权，统一监督管理银行业和保险业，维护银行业和保险业的合法、稳健运行，防范和化解金融风险，保护金融消费者合法权益，维护金融稳定。

（2）中国证券监督管理委员会

中国证券监督管理委员会是国务院直属正部级事业单位，依照法律、法规和国务院授权，统一监督管理全国证券期货市场，维护证券期货市场秩序，保障其合法运行。

三、银行金融机构

1. 银行金融机构的概念

银行金融机构是指在中华人民共和国境内设立的商业银行、城市信用合作社、农村信用合作社等吸收公众存款的金融机构以及政策性银行。

2. 银行金融机构的分类

根据银保监会统计数据披露口径和监管职能的划分，我国银行金融机构主要可以分为五大类，即大型商业银行、股份制商业银行、城市商业银行、农村金融机构和其他类金融机构。

（1）大型商业银行以工商银行、农业银行、中国银行、建设银行、交通银行五大行为主，是国内企业（尤其是国有企业）重要的融资来源。

（2）股份制商业银行拥有在全国范围内经营银行业务的牌照，如中信、招商、浦发、民生、光大、平安、兴业、华夏和广发银行等。大型商业银行和股份制商业银行在国民经济中起着举足轻重的作用。

（3）城市商业银行一般由当地城市信用社改组而来，主要集中在所在城市及周边地区。传统上，城市商业银行的业务仅在当地经营，近年来行业内领先的部分城市商业银行获准实现跨区域经营，如北京银行、江苏银行、上海银行、南京银行和宁波银行等。

（4）农村商业银行主要包括农村商业银行、农村合作银行、农村信用社和新型农村金融机构。农村商业银行的发展主要是为了改变我国农村地区金融网点分布较少、金融服务较落后、“三农”和中小企业获取贷款支持较难的局面。

3. 银行金融机构的功能

（1）融通资金。银行金融机构充当专业的资金融通媒介，促进各种社会闲置资金向生产性资金转化。

（2）提供金融服务。银行金融机构代表客户交易金融资产，提供金融交易的支付结算服务。

（3）承销业务。银行金融机构帮助客户创造金融资产，并把这些金融资产出售给其他市场参与者。

（4）提供咨询和信托业务。银行金融机构为客户提供投资建议，保管金融资产，管理和监控客户的投资组合。

（5）风险转移与管理。银行金融机构通过各种业务、技术和管理，实施分散、转移、控制，减轻金融、经济和社会活动中的各种风险。

四、非银行金融机构

1. 非银行金融机构的概念

非银行金融机构是指以发行股票和债券、接受信用委托、提供保险等形式筹集资金，并将所筹资金运用于长期性投资的金融机构。非银行金融机构与商业银行的区别在于业务信用形式不同，其业务活动范围的划分取决于国家金融法规的规定，见表 2—2。

表 2—2 商业银行与非银行金融机构区别

区别＼机构	商业银行	非银行金融机构
业务范围	吸收存款、发放贷款、提供支付结算，是货币市场的主要参与者	不能吸收活期存款，特别是不能吸收个人储蓄；主要提供专门的金融服务或指定范围的服务，是资本市场的主要参与者
信用功能	在履行信用媒介的同时，可派生信用创造功能	一般只有信用媒介功能，没有信用创造功能

2. 主要非银行金融机构简介

主要非银行金融机构是经一行两会（中国人民银行、银保监会、证监会）批准成立，一般包括公募基金公司、私募基金公司、信托投资机构、证券机构、保险机构、融资租赁机构、财务公司、典当行、担保公司、小额信贷公司等。这类机构放贷灵活、手续便捷，满足为中小企业提供快速融资的要求。

（1）公募基金公司

公募基金公司是向公众募集资金的基金管理公司。公募基金由公募基金公司直接发行成立，面向社会大众公开募集资金，受到证监会的监管。公募基金的投资门槛为 1 000 元。

（2）私募基金公司

私募基金公司是向合格投资人募集资金的基金管理公司。私募基金多数借助信托公司的集合资金信托计划发行，面向合格投资者私下募集资金，还有一些阳光私募基金通过有限合伙、券商资管以及基金专户等通道发行。私募基金的投资门槛为 100 万元，面向高净值客户。

（3）信托投资机构

信托投资机构是专门（或主要）办理金融信托业务的金融机构，是一种团体受托的组织形式，其产生是由个人受托发展为团体受托。在商品经济条件下，社会分工越来越细，经济上的交往越来越多，商务关系越来越复杂，人们为了有效地经营和处理自己力不能及的财产及经济事务，就需要专门的信托投资机构为之服务。信托投资机构主要包括：信托投资公司、信托银行、信托商、银行信托部等。

（4）证券机构

证券机构是专门（或主要）办理证券业务的金融机构。证券机构是随着

证券市场的发展而成长起来的，主要包括证券交易所、证券公司、证券投资信托公司、证券投资基金、证券金融公司、评信公司、证券投资咨询公司等。

（5）保险机构

保险机构主要包括保险公司、国家保险局、相互保险所、保险合作社及个人保险组织等。

（6）融资租赁机构

融资租赁机构主要包括商业银行投资和管理的租赁公司或租赁业务部，制造商或经销商附设的租赁公司等。

（7）财务公司

财务公司又称金融公司，各国的名称不同，业务内容也有差异，但多数是商业银行的附属机构，主要业务为吸收存款。

练习题

一、填空题

1.（　　）是指在市场上从事经济活动，享有权利和承担义务的个人和组织体。

2. 企业是指依法设立的，从事生产、流通、服务等经营活动，以产品或服务满足社会需要，并以营利为目的，实行自主经营、自负盈亏、独立核算的（　　）。

3. 企业按资产构成和承担的法律责任划分为（　　）、（　　）和公司制企业。

4. 由一个自然人投资，财产为投资人个人所有，投资人以其个人财产对企业债务承担无限责任的经营实体的企业是（　　）。

二、判断题

1. 企业是市场经济中唯一的市场主体。（　　）

2. 现代企业制度就是公司制度。（　　）

3. 企业资本正常循环的条件是必须依次采取货币资本、生产资本和商品资本的形式。（　　）

4. 企业获得的利润量大，企业经济效益就好。（　　）

三、名词解释

1. 合伙企业
2. 工业企业
3. 金融机构

四、简答题

1. 简述企业的作用。
2. 简述工商企业的资金运动规律。

五、综合题

材料一　张山打算开设一家个人独资的餐馆。由于担心资金与管理水平有限，于是同表弟王明商量后，决定两人共同出资。该餐馆命名为“好味来海鲜酒楼”，拟登记注册的企业名称为“好味来餐饮公司（个人独资）”。张山了解到个人独资企业的出资由投资人自愿申报，为了减少责任风险，打算不予申报。同时，由于经营场所对饮食业非常重要，两人商量后打算要好好挑选，所以想在进行工商登记获得了营业执照后再行确定酒楼的营业地点。接着，张山拿着两人的身份证明及填好的个人独资企业设立申请书，到当地工商局办理设立登记。由于诸多事项不符合法律规定，张山的申请被退回。

材料二　甲、乙、丙拟设立一普通合伙企业，并订立了一份合伙协议，部分内容如下：①甲出资现金 1 万元和劳务作价 4 万元；②乙出资价值 5 万元的知识产权，于合伙企业成立后半年内缴付；③丙出资作价为 10 万元的房屋一栋，不办理财产转移手续，且保留对该房屋的处分权；④合伙企业的经营期限，于合伙企业成立满 1 年后再协商确定；⑤合伙企业名称拟定为“昆海化妆品有限责任公司”。

材料三　甲、乙、丙、丁四家公司与杨某、张某拟共同出资设立一家注册资本为 400 万元的有限责任公司。除杨某与张某拟以 120 万元货币出资外，四家公司的出资分别是甲以其商誉作价 50 万元出资，乙以其特许经营权作价 50 万元出资，丙以其非专利技术作价 60 万元出资，丁以其设定了抵押担保的房屋作价 120 万元出资。

1. 根据材料一，张山的申请存在不符合法律规定的事项包括（　　）（多选）。

A. 投资人人数　　　　B. 企业名称

C. 出资申报　　　　D. 生产经营场所

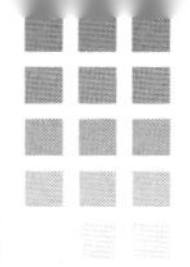

2. 根据材料一，如果张山坚持一定要王明加入，则可选择的企业组织形式有（　　）（多选）。

A. 个人独资企业　　B. 合伙企业

C. 有限责任公司　　D. 股份有限公司

3. 根据材料一，下列关于个人独资企业投资人表述正确的有（　　）（单选）。

A. 投资人只能以个人财产出资

B. 投资人可以是自然人、法人或其他组织

C. 投资人对企业债务承担无限责任

D. 投资人不得以土地使用权出资

4. 根据材料二，合伙协议内容不符合规定的是（　　）（单选）。

A. ①②③　　B. ②③④　　C. ①②⑤　　D. ③⑤

5. 根据材料二，下列出资形式中，只能由全体合伙人协商确定价值评估办法的是（　　）（单选）。

A. 实物　　B. 土地使用权　　C. 知识产权　　D. 劳务

6. 根据材料三，四家公司的非货币财产出资中，符合公司法律制度规定的是（　　）（单选）。

A. 甲　　B. 乙　　C. 丙　　D. 丁

第三章 市场

学习目标：

◇ 掌握市场的概念和特征，熟悉市场的产生和发展过程

◇ 正确认识市场的本质，掌握市场的分类方法

◇ 掌握商品市场的不同类型及其主要特点

◇ 理解市场需求与供给的一般原理

◇ 了解金融市场的主要功能及其类型

在日常生活中，市场总是被我们挂在嘴边，可见，它的存在源自我们的生活，与我们的生活息息相关。从经济学角度来讲，市场是构成经济社会，实现经济运行的不可或缺的重要部分。认识市场，了解市场的运行规律，才能让市场在更大范围和层次上提供竞争与合作的空间，更好地促进经济的发展。

第一节　市场的内涵

一、市场的概念

市场是商品经济的产物，并随着商品经济的发展而发展。哪里有社会分工和商品生产，哪里就有市场。人们对市场的理解也是随着市场的发展而日趋全面和深化。市场的概念可以从以下几个方面进行解读：

1. 市场是商品交换的场所

如集市、庙会、店铺、货栈、商场、超市、物流中心等，这通常被称为狭义的市场。这种认识把市场理解为特定的空间，在这特定的空间中人们进行商品买卖活动。大家经常挂在嘴边的“到市场上去买东西”中的“市场”，就是这个意思。

2. 市场是商品交换关系的总和

这是从经济学角度对市场的广义理解。随着商品经济的不断发展，交换的范围越来越大，参加交换的当事人越来越多，交换的商品越来越繁杂，为商品交换提供的服务手段越来越先进，市场的内涵越来越丰富，超出了“商品交换场所”的空间范畴，远非商品交换的场所所能概括得了。例如，买卖双方不一定需要具体的交换场所，只需要经过一定的形式（如函电、网络等），就商品的数量、规格、价格、交货日期等信息进行磋商，交换行为就能确定下来。交换的双方，是商品和货币的不同所有者，代表一定的社会力量，反映了错综复杂的经济关系所决定的交换关系。这种广义概念的市场包含了所有的具体市场。

3. 市场是人口、购买力、购买动机的集合

这是从营销学角度对市场的理解。分析某种商品或劳务市场是否形成及其容量大小，要受三个因素的制约。一是人口，人口与市场容量成正比；二是购买力，即有货币支付能力的需求才能构成市场的需求，这是取得商品的手段；三是购买动机，人口再多，购买力水平再高，如果对某种商品没有购买的意愿或动机，那么这种商品的市场也是不可能形成的。这就是通常所说的市场形成的三要

素，三者缺一不可。市场学家将市场概括地用下列公式表示为：市场 = 人口 + 购买力 + 购买动机。

二、市场的特征

人类社会交易的产生是一定的社会分工和商品交换的结果。人们通过市场反馈的交换信息，供给方开始判断商品生产的品类、数量、品质以及投入市场的时间，而需求方则根据价格、质量、服务等来决定所要购买的商品。交易越来越精细，推动了社会分工和商品生产的发展，促使了市场的发展壮大，形成了市场的特征。

1. 自发性

在市场经济中，不管是商品的供给方还是需求方，都是为了追求自身的利益，而他们之间的经济活动是在某种价值规律的作用下而自发调节的。比如，当市场上人们对某种商品的需求量越大，这种商品的价格就会涨得越高，于是就会引起越来越多的人去生产和供应这种商品，或者去研究功能、用途与之相近或更优，而价格却更低的新的品类去替代它。而当市场上这样的商品越来越多，甚至超过需求量时，需求方有了更多的选择，商品的价格再也涨不起来了，于是供给方决定调整自己的生产和经营。因此，在这种价值规律的作用下，市场能够自发地调节生产和经营活动，对整个社会资源的配置也起到了促进作用。

2. 盲目性

在市场经济环境中，不论是供给方还是需求方，都是为了追求自身利益的最大化，因此，他们在做出经营决策时，总是首先通过观察市场上什么商品卖得最好，需求量最多，价格最有利可图，并据此来决定他们的生产经营方向。于是，人们蜂拥逐利，大量地生产、复制相同的商品，大家的目光都盯在了商品的短期厚利上，忽视了社会其他方面因素的影响。因此，市场上同质同类甚至劣质的商品越来越多，供给过剩造成积压，这就是市场的盲目跟随导致的后果。

3. 滞后性

在市场经济环境中，商品的买卖关系实质上就是商品供求关系的表现。市场因为有了需求，于是刺激了供给。商品的供给方总是希望将有限的商品卖出更高的价格，而需求方则希望以最低的价格获得需要的商品，供求双方的矛盾通过将

价格的涨落调节，从而达到平衡。人们一边观察着市场上商品价格的涨跌，一边据以做出扩大或减少这种商品的生产和供应的决定。当价格上涨时，人们为了逐利而竞相生产这种商品，然而，当发现商品的价格渐渐回落，感知市场的需求已经达到饱和时，商品已因大量生产而出现了滞销积压，这就是市场供求关系反映的时间差所带来的滞后性。

三、市场的产生和发展

在原始社会，由于生产力水平极其低下，人们共同劳动，平均分配劳动产品，没有剩余产品，也就没有商品交换。到了原始社会末期，出现了第一次社会大分工，即畜牧业同农业的分工，人们除了生产自身消费的产品外，还有一定的剩余产品，部落间互需对方的产品，于是在部落的交界地进行部落间的商品交换，即物物直接交换。

随着第二次社会大分工，即手工业从农业中分离出来和私有制的产生，出现了直接以交换为目的的商品生产，个人和个人之间的交换已成为商品交换的主要形式。商品生产促进了商品交换的迅猛发展。手工业成为独立的生产部门以及手工业内部生产的多样化，使市场的范围日益扩大，交换的产品和数量大大增加。

随着社会分工的扩大，交换范围越来越广，货币应运而生。货币的出现使原来的物物交换变为以货币为媒介的交换，消除了直接物物交换的限制，促进了商品生产和商品交换的进一步发展，使人们对市场的依赖程度逐渐增加。尤其是第三次社会大分工后，出现了商业形态。商业产生后，商人充当了市场的组织者，不仅使市场的范围更加扩大，而且使市场的功能日趋完善。

三次社会大分工如图 3—1 所示。

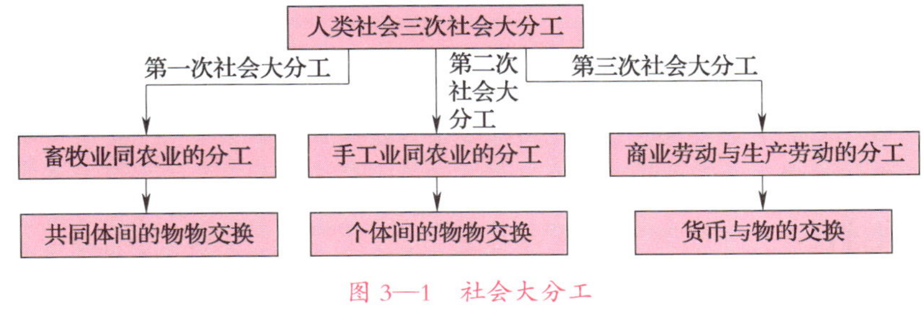

图 3—1　社会大分工

此时，市场的含义已不再是用简单的商品交换场所所能涵盖的了，出现了如下的发展和演变。

第一，随着商品生产和商品交换的发展，产销之间逐渐出现中间人。所谓“驵侩”，就是牲畜之间交易的中间人，这可能是商人出现的最早形式。随后出现经纪、商贾和批零趸售，进而发展为现代的交易所、信托公司等。

第二，随着金属货币的产生，产生了兑换和商业信用。中国古代就有“柜坊”“飞钱”“钞引”，后来又出现“票号”“钱庄”，以至发展到现在的银行、投资公司、金库等。英语的“银行”，是由意大利语“长凳”演变而来的。因为在古代，地中海沿岸城市的定期集市上，钱币兑换人手持钱袋，坐在板凳上为交易者兑换钱币。以后这种业务逐渐发展到保管存款、汇划货款等。

第三，随着交换范围的扩大，商人需要了解行情，于是就专门有人搜集市场信息卖给商人，据说世界上第一个记者就是这样产生的。他们将各地市场行情搜集并记录下来卖给商人，使信息在商品生产和流通中发挥了不可估量的作用。今天的商情咨询组织便是信息流通的组织形式。

第四，随着交换范围的扩大和交换数量的增加，那种购销都由自己肩挑背负，卖不完又背回，或找附近居民暂存，等下一集再卖的方式已不能适应，于是出现了“邸居”“垛坊”“东坊”“脚行”以及封建垄断的“漕运”“纲运”等，逐渐形成了现代的物流市场。

第五，古代交易方式简单，主要靠货比货，靠吆喝叫卖，以后出现了“幌子”“店招”等促销方式，进而发展为现代各种形式的广告、展览会等推广销售的经营方式和组织方式。

第六，随着交换的深入，为了保证交换的顺利进行，出现了“市官”以及现代的工商管理组织及税务、律师等来管理市场秩序。

知识链接

市　井

我国古代的市场也称“市井”，唐代学者张守节在《史记·正义》中这样记载：“古者相聚汲水，有物便卖，因成市，故曰‘市井’。”这是因为古时在还没有正式的交易场所之前，交易都是在井边进行，一是解决人与牲畜的用水之便，二是可以洗涤商品。

四、市场的分类

1. 按购买者的身份分类

根据购买者的不同身份，市场可分为消费者市场、生产商市场、中间商市场

和政府市场。

（1）消费者市场又称为消费品市场或生活资料市场，是指个人或家庭为满足生活需求而购买或租用商品的市场。消费者市场是市场体系的基础，是起决定作用的市场。

（2）生产商市场也称为产业市场或工业市场，是由那些购买货物或劳务，并用来生产其他货物或提供其他劳务，以出售或出租给他人的个人或组织所构成的市场。

（3）中间商市场是由各种批发商和零售商组成的，是指那些通过购买商品或劳务然后加以转卖，从而获取利益的个人或组织所构成的市场。

（4）政府市场也称为政府采购市场，是指各级政府单位为履行政府管理职能、提供消费品或为社会提供公共品等而采购或租用商品，从而形成的特殊市场。政府采购市场不同于民间市场，它有特定的采购主体，采购资金来自政府财政资金，没有营利动机，是一个因政府消费而形成的市场。

2. 按市场结构的特征和竞争状况分类

根据市场结构的特征和竞争状况的不同，市场可分为完全竞争市场、完全垄断市场、垄断竞争市场和寡头竞争市场。

（1）完全竞争市场是指竞争充分而不受任何阻碍和干扰的一种市场结构。在这种市场类型中，买卖人数众多，买者和卖者是价格的接受者，资源可自由流动，信息具有完全性。比如农贸市场就是典型的完全竞争市场。

（2）完全垄断市场指在市场上只存在一个供给者和众多需求者的市场结构。完全垄断市场的厂商数目唯一，称为垄断企业，完全垄断企业控制了某种产品的全部供给，它的产品不存在任何相近的替代品，它是市场价格的制定者，其他厂商难以进入该行业参与生产，与它竞争。如某些政府垄断行业的市场就是完全垄断市场。

（3）垄断竞争市场是指一种既有垄断又有竞争，既不是完全竞争又不是完全垄断的市场结构。市场上有较多的厂商，他们的产品并不一定同质，而是存在着一定的差别，产品的差别性使垄断因素存在，但是厂商间产品的不同质和差别又存在着很强的可替代性，这样又造成了竞争因素的存在。比如电子电器等行业的市场就是典型的垄断竞争市场。

（4）寡头竞争市场的结构与垄断竞争市场相类似，它既包含垄断因素，也包含竞争因素，它是指一种商品的生产与销售由少数几家大厂商所控制的市场结构。市场上只有少数几家厂商提供全部或绝大部分产品，占有相当大的市场份额，因此能够影响市场的供求关系和价格。厂商们为了避免激烈竞争给彼此带来两败俱伤，他们之间也相互依存，相互影响。如石油化工、汽车、钢铁、航空运输等行业的市场就属于典型的寡头竞争市场。

五、市场的本质

1. 市场的供求关系

市场的供求关系是指在商品经济条件下，某一商品的供应量和市场需求量之间的相互联系、相互制约的关系，同时也是生产和消费之间的关系在市场上的反映。

当一件商品从生产领域转向消费领域，则形成市场的商品流通。显然，要形成市场的商品流通，必须要具备两个条件：一是商品供给，二是市场需求与购买力。

（1）商品供给

商品供给是指在一定的时期，在既定的价格水平下，生产者愿意并且能够生产的商品数量。具体地说，就是在一段时期内，在市场上能够通过市场销售以满足市场需求的商品数量，它是供给欲望与供给能力的统一。

影响商品供给的因素有多方面：

一是商品本身的价格，一般而言，某种商品的价格越高，生产者提供的产量就越大；反之，商品的价格越低，则生产者提供的产量就越小。

二是与该商品相关的其他商品价格，即当一种商品的价格不变，与之相关的其他商品价格发生变化时，导致该商品的供给量发生变化。例如：石油和玉米均可作为工业乙醇的主要原料，随着石油价格的上涨，玉米被大量用于生产燃料乙醇，导致饲料用玉米出现紧缺，于是农户纷纷加大玉米的供给量。

三是商品的生产成本，在商品价格不变的情况下，生产成本越高，商品的利润空间就会变得越少，导致生产者不愿投入该商品的生产，供应量减少。

四是商品的技术水平，一般而言，如果商品的技术水平得到提高，它的生产成本就会降低，从而使商品产生更多的利润，吸引生产者加大该商品的供给量。

五是生产者对商品未来的价格预期，如果生产者对某一商品的未来预期有信心，预计价格上涨，则会计划增加该商品的供给量，反之，如果生产者对该商品的市场未来持悲观心态，则会计划减少该商品的供给量。

六是政府政策及其他因素的影响，若政府对某行业商品采取了鼓励生产或投资的政策，则会引导生产者加大该商品的生产供给量。例如，我国为发展战略性新兴产业和加强节能减排工作，对汽车产业转型升级、新能源汽车产业发展，研究制定了一系列有利于新能源汽车产业发展和产品推广应用的政策措施，在这样的国家政策扶持下，近年来，我国新能源汽车的销量大幅提升。

当然，如果假定影响商品供给的其他因素不变，则商品的供给与价格之间的关系呈正相关，这是由于生产者追求利润的结果。商品的高价格意味着更多的利润，这样就驱使生产者扩大商品的生产量，增加市场供给，而当价格下降时，利润空间也随之被压缩，生产者无利可图只能减少产量，从而减少了市场供给，这就是市场的供给定理。当然并非所有商品均会遵循这样的规律，某些特殊的商品如名画、古董等贵重珍品，如果价格上升，市场供给量便会增加，但是当价格上升超过一定幅度，供给者便会认为该商品具有巨大潜在价值，因此惜售而不再拿出存货来，这样供给反而减少。

（2）市场需求与购买力

市场需求是指一定的顾客群体在一定的地区和时间，在既定的价格水平和一定的市场环境下，愿意并且能够购买的商品数量。需求的构成必须具备两个条件：一是消费者对商品要有购买欲望，二是消费者对有购买欲望的商品具有按现行价格购买的能力，即具备支付能力。

影响需求发生变动的因素也有很多，主要包括以下几个方面：

一是商品的价格。一般而言，商品的价格越高，人们的需求量就越少，商品的价格与需求量是成反方向关系的。例如，据 2016 年我国小麦行情走势分析，预计 2016 年春节过后小麦价格将回暖，引发下游面粉客户集中补货，为了争抢面粉订单，面粉企业纷纷开足负荷生产，在小麦货源紧张的情况下厂家纷纷提高价格争先抢购。

二是消费者的收入水平。购买力一般与消费者的可支配收入有关，一般来说，消费者的收入增加，将会增加商品的需求量，反之则会下降。如近年来，我国经济高速增长，居民收入水平逐年提高，2015 年城镇居民人均可支配收入为 29 129 元，约是 2005 年 10 493 元的 2.8 倍。随着收入的提高，消费支出也逐年增加，2015 年全国居民人均消费支出 15 712 元，约是 2005 年 7 942.9 元的 2 倍。

但是，应该注意的是，并不是所有的商品，它的市场需求都与消费者的收入水平呈同向变动，比如食糖、食用盐等生活必需品，当消费者收入水平提高后，其需求量并不会有大的变化。

三是相关商品的价格。当一种商品自身价格不变，而与其相关的商品价格发生变动时，这种商品的需求也随之发生变化。如汽车和轮胎，它们是互补品的关系，当汽车的销量上升时，汽车轮胎的需求量就会跟着上升；又如猪肉制品与家禽肉制品，当猪肉价格上涨时，人们会减少对猪肉制品的需求，而相应增加家禽肉制品购买，它们是替代品的关系。

四是消费者的偏好。消费者性格和爱好不同，其对商品与服务的需求也会不同。消费者的偏好主导着其在使用价值相同或相近的商品之间进行消费选择。当然，消费者的偏好并不是固定不变的，而是在一系列因素的作用下慢慢变化的。

在影响需求的众多因素中，商品价格是影响需求的最重要因素。市场实践表明，在特定的时间内，市场对某一商品的需求量与该商品的价格存在着对应关系，即商品的需求量随着价格的上涨而减少，随着价格的下降而增加，这就是市场的需求定理。

但是，并非所有的商品都会遵循这一定理。例如珠宝、首饰、高档皮具等炫耀性商品，往往是价格下降，需求量反而会减少。这是因为这些商品本身具有彰显财富的功能，除了能满足这些商品购买者物质上的需求，还可以满足他们彰显较高社会地位的心理需求。

2. 市场均衡

在商品市场上，需求和供给是两种相互对立的经济力量，买方希望价格降低，而卖方则希望得到更高的价格。如果需求大于供给，那么就促使了商品价格上涨，从而促使生产者加大供给量，使市场上的商品需求与供给趋于平衡；相反，如果供给大于需求，则商品的市场价格就会下跌，这就促使生产者减少产量，商品的市场供给减少，需求与供给又重新趋于平衡。因此，市场均衡是市场在供求力量相互作用下的结果，当商品的需求与供给处于相对均衡状态时，市场价格就会趋于相对稳定。这时市场上的商品数量就称为市场均衡量，而此时的商品价格便称为均衡价格。

在日常生活中均衡价格随处可见。比如说我们在服装店购买衣服时，与服装店老板讨价还价，最终以双方都能接受的价格成交，这时的成交价格就是均衡价格。如果市场的供给规律或需求规律发生了变化，市场原有的供求关系就会失去

平衡，市场均衡也就会被打破，市场供求关系随着价格的变动而自发调整，从而使得市场再度趋于均衡。这种供求关系随着价格变动而自发调节的能力，就是经济学上所称的市场机制。

3. 市场竞争

前述的均衡是需求方和供给方对某一商品共同作用下的结果，在这个由众多需求方和供给方组成的市场里，各自从自己的利益出发，为了取得更好的购销条件和获取更多的市场资源，势必会形成竞争，而均衡价格也就是在完全竞争的条件下的价格与产量的问题。市场上的供给方越多，提供的商品越同质，竞争就越激烈；反之，市场上供给方越少，提供的商品差异性越大，则越容易形成垄断。因此，市场竞争程度不同，就会形成不同的市场结构，不同的市场结构又会形成不同的均衡，我们称之为厂商均衡。

影响市场竞争程度的因素有几点：一是市场上生产商的数量，生产商越多，竞争性就越强；而生产商越少，则垄断性就越强。二是生产商们所提供的产品差别程度，产品的差别程度越小（均质），则竞争性就越强，反之则垄断性越强。三是生产商进入或退出一个行业的难易程度，若生产商进入或退出该行业均较容易，则市场竞争性强，反之则垄断性强。

第二节　商 品 市 场

商品市场是最基本的市场形态，是经济社会市场体系的基础，也是其他市场形态赖以形成和发展的动力和条件，整个市场体系的运转都要以商品市场为中心。商品市场主要是由消费品市场、生产资料市场和服务市场构成。

一、消费品市场

1. 消费品市场的概念

消费品市场也称为生活资料市场，是指人们为满足生活需求而购买或租用商品的市场，它在整个市场体系中占有非常重要的地位。

消费品对人们来说，是不需要生产企业继续再生产或再加工便可以直接消费的最终产品，因此，消费品的市场广阔，需求纷繁复杂。在市场经济条件下，人们对生活资料的配置均需通过消费品市场来实现。为了满足人们的需求，市场对消费品的供应也非常广泛，因此，消费品市场的发展直接影响着工业品生产市场的发展。

2. 消费品市场的特点

（1）从商品上来看，消费品市场上的商品花式多样、品种复杂，商品生命周期较短，替代品较多；对于生活必需品来说，商品的价格变动对需求量的影响不大，但是对于高档消费品或奢侈品来说，商品价格的涨落对需求量的影响较大。

（2）从消费者特点来看，消费品市场的购买者人数众多，分布面广。个人和家庭是消费品市场的基本购买单位，营销范围广阔，遍及城乡各地。

（3）从消费者的购买行为来看，消费者购买行为的情感性较强，具有很大程度的可诱导性。这是因为消费品市场的购买者大多缺乏专门的商品知识和市场知识，其购买行为属非专业性购买，容易受商品广告、包装、新奇特点、促销降价、营销气氛或导购员引导等因素的影响，导致冲动性消费。

（4）从交易的规模和方式来看，消费品市场消费者众多，市场分散，一次性购买的数量少，所以成交次数频繁。这是因为消费品市场的商品主要是为了满足个人或家庭的日常生活所需，除了耐用品外，大多需要经常的零星购买，所以绝大部分商品是通过中间商销售产品的方式，以方便大众消费。

知识链接

电磁炉市场变化的启示

早在十几年前电磁炉就已进入我国市场并得到迅速发展。2005 年到 2008 年是国内电磁炉市场发展的黄金期，数据显示 2005 年电磁炉市场规模在 3 275 万台左右，而到了 2008 年市场规模已达到 5 524 万台。然而在经历黄金期后的电磁炉市场也迅速迎来了衰退期，自 2009 年起电磁炉市场规模逐年下滑，出现零售量、零售额双双萎缩的局面。至 2016 年，电磁炉市场规模为 2 332 万台，较之全盛期的 2008 年市场萎缩了近一半。

为何在短短的十几年间，电磁炉市场会出现这种由盛转衰的情况呢？这与我国消费者的使用习惯有关。在我国城镇家庭中，以液化石油气（液态）、人工煤气、天然气等气体燃料进行直火加热的燃气灶是厨房主要烹饪用具。家用燃气灶具品种多，款式新颖，产品在材质、功能和性能等方面均有所改善，为消费者带来了更多的便捷及更好的使用体验。而电磁炉更多的时候是作为辅助加热工具为消费者所使用。除了消费者的使用习惯之外，市场规模萎缩也与电磁炉生产厂家的技术水平及功能革新及产品质量有关。与十几年前相比，电磁炉并没有质的改变，或者说经过十几年的发展电磁炉没有迎来一次具有划时代意义的技术革新，产品对消费者没有变得更具吸引力。因此消费者在购买时将更多的注意力放在了价格以及赠品的类型和数量上，这也使得厂家不得不将产品价格一再降低来迎合消费者。

二、生产资料市场

1. 生产资料市场的概念

所谓生产资料，指的是工业生产部门在生产加工过程中所使用的、能进入流通领域进行交换的、用于生产建设的物质资料的总称。而生产资料市场是提供生产资料、满足生产消费的交易场所，是生产资料交易关系的总和。生产资料市场是社会主义市场体系的重要组成部分，它在社会再生产中起中介作用。它运作得越是有效率，社会再生产的运行就越顺畅。生产资料市场主要经营满足生产需要的原料、材料、燃料、机器、设备、仪器、仪表、交通运输工具等。开拓生产资料市场对促进整个国民经济发展具有重要意义。

2. 生产资料市场的特点

（1）需求具有引申性

由于生产资料市场的购买方主要来自生产企业，其购买目的是为了将购入的生产资料用于生产出其他产品，以满足其产品市场的需求。由此可见，生产资料市场的需求，最终取决于生活资料的市场需求，人们对生活资料市场需求的增减变化，将导致生产资料市场的需求也发生相应的变化。

（2）购买习惯理智，需求相对稳定

生产资料市场的特点与生活资料市场不同，从需求角度来讲，购买方对生产资料的需求受产品生产周期、批量和规模的影响，具有很强的计划性、连续性和重复性，需求量大，采购时需建立在对产品技术、性能方面有充分了解的基础

上，在充分的市场调查和比较后，由专家研究，理智决策。因此在生产资料市场上，生产资料的需求受价格波动的影响较小，购买集中而慎重，以避免对产品的质量、成本和定价造成重大影响。

（3）交易方式规范严谨

由于生产资料市场的购销交易理智而谨慎，技术性强，成本较高，为了保证买卖双方的合法权益，交易往往采用法律形式来规范双方的行为。一般采用签订购销合同的方式，以稳定购销合作关系，约束买卖双方权责，以保证交易的顺利进行。

三、服务市场

1. 服务市场的概念

服务是一种特殊的商品，它是以一种无形或有形的方式向购买方提供便利、好处或满足感的一种活动、行为或过程。这种商品的特殊性在于需求方可以在服务提供方直接购买，不需被运输或贮藏，具有极大的易消失性。

服务的类型很广，根据提供的服务类型不同，服务商品可以分为直接为人们的生活需要提供服务的生活服务，以及为生产和再生产需要提供服务的生产服务。如饮食、理发、浴池、旅店、影剧院等，这是为人们提供的生活服务；而装卸运输、保管、保卫、包装、维修等，这是为生产和流通提供的生产服务。

服务市场是为企业、家庭、个人及各类非营利组织销售服务商品的市场，是组织和实现服务商品流通的交换体系和销售网络，是服务商品交换关系的总和。服务市场伴随着商品市场而存在，是市场体系的组成部分之一，随着社会经济的发展和服务市场的不断拓展，如今的服务市场已成为独立于实物商品市场之外的有机部分。

知识链接

实物商品和服务商品的区别

实物商品	服务商品
有形 同质 生产、分销、消费相分离 一种实物产品 核心价值在工厂里生产出来 消费者不参与生产过程 可以储存 所有权转移	无形 异质 生产、分销、消费同时进行 一种活动行为或过程 核心价值在买卖双方接触中产生 消费者参与生产过程 不可以储存 无所有权转移

2. 服务市场的特点

（1）服务对象多元，产品复杂

服务市场的服务对象是多元的，这是由于服务的部门、行业性质的不同，提供服务所产生的价值也有所不同。如教育、艺术等是为了满足人们的精神生活需要而提供的服务，商品包装、运输保管等是为满足生产过程的需要而提供的服务。因此，不同的购买目的，服务对象既可以是个人，也可以是生产企业，服务商品既可以是物质层面的，也可以是精神层面的。

（2）服务市场供求关系的表现形式特殊

在服务市场上，人们对服务商品的需求往往是由生活消费或生产消费所引发的，因此具有一定的依附性。比如生活咨询、形象设计等这种生活服务需要的出现，是源于科学技术进步、人民生活水平提高以及生活观念的改变，因而派生出来的结果。服务市场的另一种特殊表现形式在于市场的参与性，在服务市场中，有一些是消费者直接参与服务商品的提供与销售过程，购买与消费同时进行，因此服务商品的质量、效果往往也会受消费者的素质、知识和态度等方面的影响。

（3）服务商品的定价困难

由于服务商品在提供的时间、要求上都呈现出不规则形态，消费目的也复杂多样，因此，服务商品的定价较实物商品要更加困难。

（4）营销方式多样

在营销方式上，由于服务市场上消费者参与性强，服务商品的生产、销售及消费常常同时进行，使购销的流通环节减少，销售方式灵活多样。

第三节 金 融 市 场

一、金融市场的概念

在现代市场经济中，商品和劳务的生产和交换，都离不开货币资金的流通和交换来参与及实现。而货币资金的获得除了经济主体在日常经营过程中的自我积累外，还需要通过借入资金的方式进行筹集，而资金的融通是通过金融市场和金融工具的交易来进行的。

所谓金融市场，就是资金的供求双方借助金融工具进行货币资金的融通和配置的市场，包括货币市场和资本市场。它包含了三层含义：

一是金融商品进行交易的有形或无形的场所。金融市场是在一定的时期当中，货币资金的供需双方建立在信用基础上的资金使用权的有偿转让，因此并不受固定场所和时间的限制，它可以借助计算机网络等无形市场来完成。

二是在金融市场上，交易的参与者分别是资金的提供方和需求方，供需双方的关系不仅是单纯的买卖关系，更具有一种借贷关系或委托代理的关系。

三是它包含了金融商品交易过程中所产生的运行机制，比如，货币资金是金融市场交易的对象，也就是商品，而利率就是货币资金的价格。

二、金融市场的要素

金融市场有三大构成要素：一是交易主体，即金融市场的参与者，分别是资金的供给者和需求者；二是交易对象，如前述也就是资金；三是交易方式。

1. 金融市场的交易主体

金融市场的交易主体分别是资金的供给者和需求者，但是这两类主体又并不绝对，资金的需求者常常又会是资金的供给者。通常，金融市场的参与者可以分为：政府、中央银行、金融机构、工商企业、家庭和居民个人。

（1）政府

政府在金融市场上，首先是主要的资金需求者，当政府的财政收支出现暂时不平衡，或为了建设公共工程、干预经济运行时，都必须要筹措资金。政府融通资金的手段一般通过发行公债的方式，比如通过发行国库券来解决短期资金需求，通过发行中长期国债来满足资本运作的需要。当然，政府还是金融市场上的资金供给者，当需要调整经济结构和经济活动规模时，政府可以向地方财政、国有企业或政策性金融机构等提供稳定资金。

（2）中央银行

中央银行作为金融市场的主要参与者，是制定和执行国家货币政策的主体机构。与其他金融机构所从事的业务不同，中央银行的业务不以营利为目的，其主要目的是实现政府的宏观调控，帮助政府实施宏观经济政策。中央银行的主要功能是发行货币、管理国家外汇交易和黄金储备、发行公债等，通过再贷款和再贴

现的方式，向金融市场注入资金，通过买入或卖出有价证券、外汇等，调节市场上的货币供应量，对其他金融机构活动进行领导、管理和监督。

（3）金融机构

金融机构是金融市场上最主要的交易主体，是将储蓄转化为投资的中介机构，包括银行、证券公司、保险公司、信托投资公司、基金管理公司等。金融机构一方面通过吸收存款、定期存单以及发行金融债券等形式筹集资金，并将其构建成不同种类的金融资产，自营或帮助客户管理和交易金融资产；另一方面又通过对客户提供各种贷款、票据贴现、发行有价证券等充当资金的供给方。所以，金融机构既是金融市场的中介机构，也是金融市场的投资者，在金融市场中具有支配性的作用。

（4）工商企业

工商企业是经济活动的主体，它是金融市场中最大的资金需求方，当生产用流动资金或企业建设资金不足时，企业可向金融市场进行融资。例如企业可以向银行借入款项，也可以通过签发商业票据、发行股票和公司债券等方式向金融市场融资。当然，企业在生产经营过程中也会有盈余或闲置资金，或存于银行或用于长、短期证券投资，这时企业也是金融市场中资金的供给者。因此，工商企业是金融市场中最为活跃的主体。

（5）家庭和居民个人

家庭和居民个人是金融市场上主要的资金供给者。首先，很大一部分家庭和居民个人都会将其储蓄存入银行以备未来的支出之需；其次，他们也可能将储蓄投资于股票、基金、债券、保险等金融证券领域，以规避风险，赚取收益。家庭和居民个人也是金融市场上的资金需求者，当储蓄不足以支付诸如购买住房、汽车等大宗支出时，也可以通过贷款方式，实现其购买行为。

2. 金融市场的交易对象

金融市场的交易对象就是货币资金。在金融市场上，货币资金是一种特殊的商品。与商品市场上的商品交易不同的是，商品市场上的商品交易是以所有权的转让为前提的，而在金融市场上，不论是货币资金的借贷，还是证券的交易，大都是转让货币资金的使用权，并非所有权。在金融市场上，资金的需求者通过发行股票、债券等，利用金融工具的买卖实现资金的筹集，而资金的供给方则通过购买金融产品实现投资的需求，这些活动都是以金融工具为载体而实现的货币资金使用权的转让，以满足资金供需双方的需求。

3. 金融市场的交易方式

金融市场的交易方式有交易所方式、柜台方式和中介方式等。交易所方式是指在专门的交易所内，众多交易的买方和卖方以公开竞价的方式确定价格进行交易的方式。柜台方式是指银行、证券公司等金融机构根据市场的供求状况和行情，对金融产品制定出交易价格，而买卖双方在金融机构内按照这个价格进行交易的方式。中介方式则是买卖双方通过经纪人或经纪公司促成的交易，这种方式可以在交易所中被采用，也可以在柜台交易中被采用，中介方在买卖双方交易达成时抽取一定数额的佣金。

三、金融市场的功能

金融市场是整个市场体系中最基本的组成部分，在市场机制中起着主导和枢纽的关键作用，具有特殊的地位。一般来说，金融市场的功能主要表现为以下四个方面：

1. 筹集资金功能

金融市场融通资金的功能具有聚收入为储蓄，聚储蓄为投资的聚敛功能，其特点是聚小为大，集分散于集中，引导和聚集众多分散的小额资金，汇聚成资金集合再投入到社会再生产当中。这是因为金融市场不仅创造了金融资产的流动性，还创造了多样的金融资产，充分满足了人们对储蓄和投资的需求，有助于人们把闲置资金匹配于合适的投资方向。

2. 资源配置功能

社会经济的发展除了取决于资金的投入量外，还取决于这些资金是否能发挥最大的效用。而金融市场上金融资产的流动性，使资金的流动由低效的使用流向高效的使用，从而实现资源的合理配置，达到资源的有效利用。例如，某种商品的社会需求增加，若社会供给不足，就会导致这种商品的价格上涨，人们对该商品的行业产生了高价格和高利润的预期，从而带动了这个行业的股价上涨，吸引了人们购买该行业的股票，这时资金就纷纷流向该行业，也由此带动了生产资料和人力资源流向该行业。反之，若该行业商品供过于求，价格下跌，则金融市场将会引导资源向其他行业流动。这就是金融市场的自动调节资金、合理配置资源的功能。

3. 经济调节功能

金融市场可以通过对货币供求关系的调节从而调整社会总需求与总供给。金

融市场为国家货币政策的实施提供了场所和相关信息，如果金融市场上融资规模过大，说明社会上的总需求过于旺盛，这时国家便会收紧银根减少货币量的供给，促使市场上物价水平回落，供需趋于平衡；反之，如果金融市场上货币量不足，社会总需求就会表现出疲软，则国家便会采取措施增加市场的货币供给，增加社会需求量，使经济形势回暖。

4. 反映经济功能

金融市场历来是公认的国民经济信号系统，首先，它反映了社会微观经济的运行状况，例如人们可以通过证券交易所了解股票、债券、基金等证券交易的行情，从而判断投资的机会；其次，通过金融市场上的交易，能够反映出市场货币供应量的变动情况，为国家制定和实施宏观经济调控政策提供信息依据；最后，金融信息分析人士可以从金融市场上大量的交易信息中获取行业、企业的发展动态，及时了解经济发展的现状和走势。

四、金融市场的类型

按照不同的分类标准，金融市场可以划分为多种类型：

1. 按交易标的物划分

按交易标的物的不同，金融市场可以划分为：货币市场、资本市场、外汇市场、黄金市场和保险市场。

（1）货币市场又称为短期金融市场，其融资期限一般在一年或一年以内，在这个市场上所融通的资金一般用于短期使用的需要，如周转资金的需要、短期投资的需要等。

（2）资本市场也称为长期金融市场，它以长期金融工具作为媒介，融资期限一般超过一年以上，所融通的资金一般被用于长期资产的投资方面，所以偿还期较长，风险也较大，如股票市场和债券市场。

（3）外汇市场是指以外币或是以外币计价的票据等有价证券作为交易对象的市场，它是外汇买卖、经营活动的总和。

（4）黄金市场是指专门以黄金作为交易对象的市场，是最古老的金融市场。黄金属于国际储备工具之一，因此也常常用于国际间的结算。

（5）保险市场以保险单作为交易媒介，是以为消费者可能面临的风险而提供的各种保险保障或服务作为交易对象的市场。按照保险交易对象的不同，保险市场还可以分为财产保险市场和人身保险市场。

2. 按交易对象所处的阶段划分

按交易对象所处阶段的不同，金融市场可以划分为发行市场和流通市场。

（1）发行市场又称为初级市场或一级市场，是票据和证券最初发行销售给最初购买者的金融市场。

（2）流通市场也称为二级市场，它是指将已发行的票据和证券等金融工具进行转让的市场。与一级市场不同，流通市场为证券持有者提供了随时变现的机会，也为新的投资者提供了投资机会。

3. 按交易的地域范围划分

按照交易地域范围的不同，金融市场可以划分为国内金融市场和国际金融市场。

（1）国内金融市场是指金融交易只发生在具有本国居民身份的法人或自然人之间，以本国本位币作为交易计量标准。

（2）国际金融市场是指金融资产进行国际间交易的场所。

4. 按交易的交割时间划分

按交易交割时间的不同，金融市场可划分为现货市场和期货市场。

（1）现货市场是指即期交易的市场，也就是交易成交后，买方向卖方实际支付款项、卖方则须在规定的结算期内（一般不超过 3 天）完成交付证券等金融商品，并且必须是以实物交割转移给买方。

（2）期货市场是指交易双方达成协议成交后，双方并不马上交割，而是规定在将来某一特定的时间（一般在一个月以上，一年之内）和地点交割一定数量标的物。在期货市场上，买卖双方可以在交易期限到期时选择进行实物交割，也可以通过反向交易来抵消合约的责任和义务，这种方式就是平仓或对冲。

5. 按交易的场地和空间划分

按交易场地和空间的不同，金融市场可以划分为有形市场和无形市场。

（1）有形市场又称为场内交易市场，是指有固定的交易场所，有严密的组织和制度的金融交易，例如在银行、证券公司或保险公司等金融机构中进行的金融资产的交易。

（2）无形市场又称为场外交易市场，是指没有固定的交易场所，买卖双方通过网络、电信等方式进行的金融交易，例如股票交易、外汇交易等。

练习题

一、填空题

1. 市场 =（　　）+（　　）+（　　）。
2. 市场活动的中心内容是（　　）。
3. 商品的（　　）和（　　），是构成市场的主体。
4. 随着人类社会三次社会大分工的出现，产生了（　　）的物物交换、（　　）的物物交换和（　　）的交换。
5. 市场供求矛盾主要表现在市场商品供应与市场商品需求在（　　）、（　　）、（　　）和（　　）的矛盾。
6. 市场商品供求之间的（　　）是绝对的、普遍的，（　　）是相对的、有条件的。
7. 商品的（　　）和（　　）是产生竞争的内因，（　　）是产生竞争的外因，（　　）则是市场竞争发展的条件。
8. 商品市场是由（　　）、（　　）和（　　）构成的。
9. 金融市场最基本的功能在于从（　　）手中把资金引导到（　　）那里，从而提高资金利用效率。
10. 金融市场按交易对象所处的阶段可分为（　　）、（　　）。
11. 金融市场按交易的地域范围可分为（　　）、（　　）。
12. 金融市场按交易的交割时间可分为（　　）、（　　）。

二、单项选择题

1. 羽毛球拍的价格下降，将导致（　　）。

A. 羽毛球的需求增加　　B. 羽毛球的需求减少

C. 羽毛球的需求不变　　D. 对羽毛球的需求无影响

2. 在其他条件不变的情况下，价格下跌，供给将（　　）。

A. 增加　　B. 减少　　C. 不变　　D. 不受任何影响

3. 一般来说，（　　）需求弹性较大。

A. 化妆品　　B. 服装　　C. 食盐　　D. 金银首饰

三、多项选择题

1. 需求的构成必须具备的条件包括（　　）。

A. 消费预期　　B. 购买欲望

C. 支付能力　　D. 产品价格

E. 以上选项均正确

2. 以下属于替代品的是（　　）。

A. 煤气和电力　　B. 镜架和镜片

C. 茶和碳酸饮品　　D. 公共交通和私人小汽车

E. 水彩颜料和画纸

3. 影响需求变动的主要因素有（　　）。

A. 消费者的个人收入　　B. 互补品的价格

C. 生产技术　　D. 产品价格

E. 消费者偏好

四、判断题

1. 市场是指商品交换的场所。（　　）
2. 人口与市场容量成正比。（　　）
3. 人类社会的三次社会大分工是市场交换得以产生和发展的条件。（　　）
4. 生产资料市场的需求可以诱导。（　　）
5. 服务商品都是无形的。（　　）
6. 金融市场是物质化市场。（　　）
7. 外汇市场是无形市场。（　　）
8. 证券市场就是股票市场。（　　）

五、简答题

1. 如何理解市场的含义?
2. 市场的产生和发展过程是怎样的?
3. 消费品市场有什么特点?
4. 与消费品市场相比，生产资料市场有什么特点?
5. 什么是服务? 服务商品与实物商品有哪些区别?
6. 金融市场有什么特点?
7. 金融市场的分类有哪些?

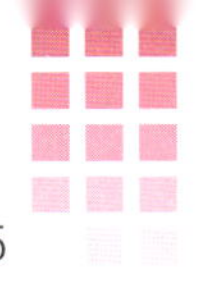

六、综合题

咖啡巨头的自我救赎与超越

2008年以来，受金融危机影响，星巴克业绩下滑，不得不采取关店、裁员、节省开支等措施以摆脱业绩持续下滑的困境。

如今的“第15大街咖啡与茶”就是当时待关闭的门店之一。而在关闭前的一次内部会议上，星巴克创始人、全球董事长霍华德·舒尔茨突发奇想地要求员工们在原有旧店的基础上转型开一家门店与星巴克竞争，于是便有了“咖啡与茶”的概念店。改头换面的门店不仅销售咖啡，同时供应茶水甚至啤酒。“第15大街咖啡与茶”不仅彻底推翻了星巴克式的标准，更是让一家濒临关闭的门店起死回生。

在茶文化并不发达的美国吃了定心丸之后，星巴克开始酝酿在茶文化更为深厚的中国市场施展拳脚。在推出的两大类共9款茶品中，不仅有“洋范儿”十足的印度红茶、英式红茶、伯爵红茶等异域茶，还有白牡丹茶、碧螺春绿茶、东方美人乌龙茶三款中式茶。

20元左右的价格表明，星巴克并没有把茶当作附属产品，而是按照利润新增长点的新业务来培养。星巴克认为，虽然茶产品在星巴克所有产品中所占比例并不算大，但星巴克茶应该像咖啡一样，不仅要品质上乘，且能提供那份久久留有余味的茶体验。而这正是星巴克茶与普通中式茶馆茶相比的核心竞争力所在。

根据上述材料回答以下问题。

1. 材料中的“咖啡”“茶”和“啤酒”等产品互为什么关系?

2. 通过对阅读材料的理解，简述市场均衡价格的形成过程。

3. 试运用市场供求关系的理论，分析星巴克的“起死回生”反映了哪些经济学现象。

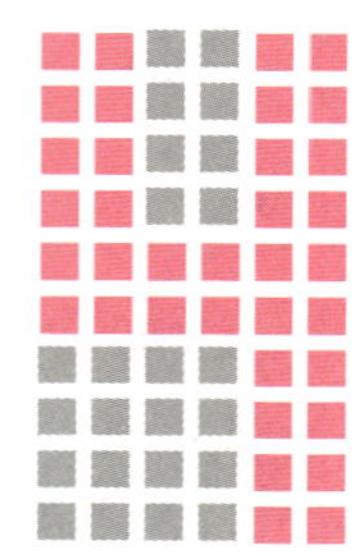

第四章 公共经济管理

学习目标：

◇ 了解市场调节资源配置的方式

◇ 了解政府调节经济职能的方法

◇ 掌握公共经济管理组织机构

◇ 了解公共经济管理的目标

◇ 了解政府宏观经济的调控手段

在现代市场经济体系中，市场调节与政府干预，自由竞争与宏观调控，是紧密相连、相互交织、缺一不可的重要组成部分。因为市场机制的完全有效性只有在严格的假说条件下才成立，而政府干预的完美无缺同样仅仅与“理想的政府”相联系。也就是说，市场调节与政府干预都不是万能的，都有内在的缺陷和失灵、失败的客观可能，关键是寻求经济及社会发展、市场机制与政府调控的最佳结合点，使得政府干预在匡正和纠补市场失灵的同时，避免和克服政府失灵，这对我国社会主义市场经济体制的建立和完善，无疑具有重大的理论意义和实践意义。

第一节　经济运行中的市场与政府

经济运行是各个经济主体，通过各种经济资源载体进行生产、流通、分配、消费、投资等经济活动。在经济运行过程中，各个经济主体之间形成各种经济关系。经济运行过程和经济主体之间的关系会受到“看不见的手”——市场和“看得见的手”——国家调控的制约调节。因此，市场和政府在经济运行中各自扮演什么样的角色，就是本节我们要了解的内容。

一、市场调节资源配置

现代社会生产离不开劳动力、资本、技术、原材料、土地、信息等资源。一般来说，一个社会在一定时期和一定范围内，可利用的资源总是有限的。例如，一个国家的可耕地面积、矿产的可开采量、水资源的利用等都是有一定限度的，因此，采用何种方式把稀缺的资源利用合理，配置得当，促进社会资源得到最有效的利用，是资源配置的基本问题。

1.　资源配置

资源配置是指把有限的资源配置到社会需要的众多的领域和部门中去。资源配置包括这几个方面的问题：即生产什么、生产多少，如何生产，为谁生产。

（1）生产什么、生产多少。即土地和自然资源、劳动、资本等要素应用于哪些方面，不同方面的用量是多少。在市场经济条件下，这要取决于市场需求；在计划经济条件下，这取决于政府计划部门的计划安排。

（2）如何生产。就是如何具体地进行要素组织。它包括三个方面的问题：第一，用什么资源生产；第二，用什么技术生产；第三，用什么样的组织形式生产。比如已经决定要发电和发多少千瓦的电，那么随之而来的问题是用什么具体资源发电，是用火力还是水力，还是两者都用。假如用火力是用柴油还是煤炭，还有要用怎样技术水平的设备，是倾向于用技术水平高的设备还是技术水平低的设备；另外，是以国有企业的形式来生产电，还是以私有企业或股份制企业的形式来生产电。

（3）为谁生产。为谁生产是指谁来享有生产出来的商品。这些生产出来的商品如何在社会成员中进行分配，也就是分配问题。

资源配置总要采取一定的方式。在社会经济生活全面市场化的经济条件下，社会资源的配置是由市场机制即由价值规律的作用来实现的。具体地说，就是通过市场价格和供求关系变化，经济主体之间的竞争，调节供给与需求以及生产要素的流动与分配。市场经济就是市场在资源配置中起基础性作用的经济。

知识链接

市场经济主体

在市场经济活动中，一般将市场经济的经济主体分为企业、居民、政府、金融机构和国外机构五大类：

（1）企业。企业是从事生产经营活动的非金融经济组织，是物质产品和服务的提供者，是社会的生产经营主体。

（2）居民。居民既是生产要素的提供者，又是消费主体。作为消费主体，这里的“居民”不仅包括居民家庭，还包括非政府的非营利组织，如私人或民间团体主办的学校、医院，文化、体育组织等。

（3）政府。在现代经济体系中，政府是不可或缺的主体之一。政府既是经济运行和经济关系的管理调节主体，也是国民总收入的分配主体。

（4）金融机构。在现代市场经济中，金融机构是一个比较特殊的经济主体，人们通常把它比作经济介质或血液。在经济运行中，企业和居民的间接融资主要是通过银行系统和从事融资活动的非银行金融机构进行的，直接融资则是通过债券市场、股票市场等资金市场进行的。

（5）国外机构。现代经济是一个全球化的开放经济，国内各经济主体与国外有着广泛而复杂的经济联系。国外机构泛指与我国有经济往来的各国政府、企业、居民、金融机构、国际经济组织等。国内经济主体与国外机构的经济联系既有贸易和非贸易往来，也有资金等方面的往来。

2. 市场机制

“机制”源于希腊文，原意是机械、机械装置、机械构造及运行原理。后来这个概念被移植于生物学、医学中，用于说明有机生命体内部的构造及其生命运动的原理。以后又广泛运用于自然科学和社会科学，用来泛指某一复杂事物的内部结构、运动工作原理及其内在的规律性。

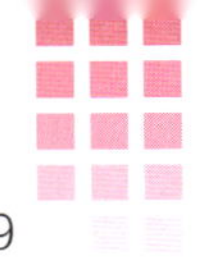

经济机制即经济系统内部的优化资源配置与协调各种经济利益关系的方式和原理，也就是经济规律起调节作用的实现形式。市场机制是重要的经济机制，是市场经济内的竞争、供求和价格等要素之间的有机联系，而价格机制是市场机制的核心。

资源配置是通过一定的经济机制实现的。在市场经济中，资源配置是通过市场机制实现的，即通过市场中的供求机制、价格机制和竞争机制对资源进行配置。

市场的供求变化通过价格的涨跌表现出来，某种商品价格上涨的信息会引导生产者扩大对该商品生产的投入，使资源向该部门流动；某种商品价格下跌的信息，会迫使生产者削减对该商品生产的投入，使资源流向其他部门。竞争的过程是一个优胜劣汰的选择过程，在价值规律的作用下，资源在不同部门和企业之间，按照效率优先的原则流动。如果是在供过于求的情况下，同一行业之间的竞争中，被淘汰的首先是那些低效率的企业；在供不应求的情况下，占领市场份额最大的是那些效率最高的企业。所以，不论在什么情况下，社会资源总是向高效率的生产者集中。市场经济正是通过市场的分配功能，把社会资源配置到需要而又能有效利用的部门和行业，达到社会资源最优化配置的目的。

3. 市场失灵

市场机制发挥其优化配置资源的作用是有条件的，在不能满足这些条件的情况下，市场机制不仅不能够使资源达到有效配置，还会产生副作用，导致资源配置状况的恶化，称为“市场失灵”。

市场失灵的原因及表现：

（1）市场机制的调节与社会经济利益不一致

市场机制的调节是建立在各经济主体对自身经济利益追求的基础上，但是由于各经济主体不可能洞察国民经济的全局，并根据全局的利益来决定自己的经济行为，而且它们自身的经济利益并不一定就符合社会整体的经济利益，甚至可能与宏观上的资源配置需要相悖。一旦进行国民经济重大经济结构调整，此时市场就难以发挥作用。因此，市场机制对经济主体作用的结果也有可能会损害国民经济的全局利益或社会的整体利益。

（2）外部性

外部性又称外部效应，是指人们的经济活动对他人造成的影响而未将这些影响计入市场交易的成本与价格之中。外部性类型如图 4—1 所示。

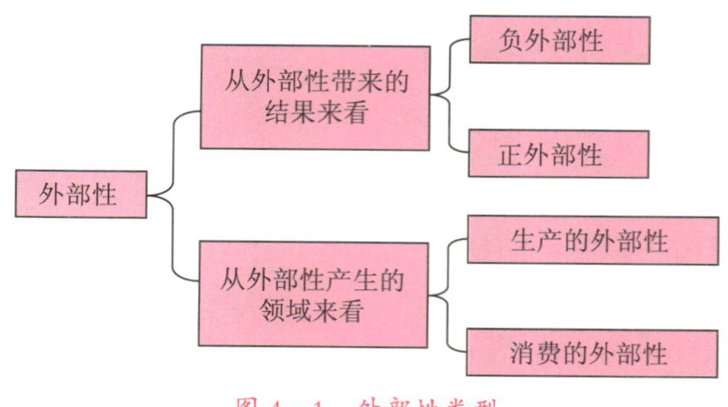

图 4—1 外部性类型

负外部性指某一主体的生产和消费行为给他人带来的损失。例如，造纸厂向河流排放大量废水污染河流，造成鱼类减少，提高了渔民的成本；有人唱卡拉OK 高声喧哗打扰了他人的安宁。负外部性也被称为外部不经济。正外部性指的是生产和消费行为给他人带来利益。例如，养蜂人通过养蜂生产蜂蜜追求自己的利益时，附近农民种植的水果会因蜜蜂传授花粉而大量增产，降低了农民种植水果的成本。正外部性也被称为外部经济。

生产的外部性是指某些企业的生产活动使其他生产者增加（或减少）成本，但又未补偿（或收费）的情形。消费的外部性是指某些人的消费行为引起其他消费者利益的增加或减少。

由于个别生产者或消费者没有考虑由于他们的经济行为给别人或社会带来的外部效应，当一些因素影响到生产或消费时，生产者和消费者仅考虑到自己的利益，而不会去考虑外部效益。结果往往是社会对正外部性的产品或服务的需求不足，供给也不足，一部分资源没有配置到效益好的地方。负外部性的生产和消费没有因为成本的增加而减少生产量和消费量，社会资源仍以原有的数量配置到这些产品或消费品上，从而导致资源配置和使用的低效率。

市场经济中的各个主体从自身经济利益出发的各种决策经营行为，是不可能完全符合社会整体利益要求的，往往会出现外部不经济现象。而这种外部影响一般不可能通过市场价格表现出来，也就难以通过市场机制的自发作用得到补偿和纠正。

（3）市场不能有效提供公共物品和服务

在经济社会中，人们消费的主要物品，通常是按市场价格从私人生产者那里购买的私人物品，但还有不少是属于公共物品或类似公共物品。公共物品是指私人不愿生产或无法生产而必须由政府提供的物品，具有消费的非排斥性和非竞争性的特征。公共物品的非排斥性是指人们不管付费与否，都不能排除他人对该物

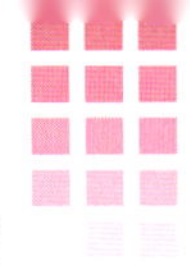

品的消费；公共物品的非竞争性是指某人对该物品的消费并不影响他人对该物品的消费。

例如，人们从商店里买的面包、衣服等是私人生产的，称为私人物品。但人们每天享受的国防、警务、消防、公共道路、教育、公共卫生等，不一定是花钱从私人那里购买的，这些属于公共物品。

社会共同消费的公共物品和服务，是不可能由个别企业按照市场的交易规则来提供的，因为它无力迫使社会作为一个整体支付它所提供的这类物品和服务，也无力迫使任何个人不支付费用就不能消费这类物品和服务。市场不能调节这类物品和服务的供求，但它们又是社会所不可缺少的。这种物品一经提供，无论出钱还是不出钱者均可获益。所以，人们都会试图不出钱而受益，因而个人对这类物品的需求很少，相应的提供者提供这类物品也不会获得理想的利润。在市场机制的作用下，公共物品市场将会处于极度萎缩状态，甚至根本不存在，导致公共物品的提供数量远远低于社会所需要的数量，资源没有配置到社会需要的地方。

（4）市场无法自发地消除垄断

我们知道，自由竞争导致生产的集中，而生产集中发展到一定程度就会产生垄断。垄断组织出现后不再是依据市场信号调整自己的行为来获取经济利益，而是反过来操纵市场信号，并借此牟利。在国民经济的某些领域和产业部门中，一些行业具有天然的垄断性，如某些极度稀缺资源和产品的生产供应。提供者利用这种垄断性来影响市场价格和提供数量，但这样做常常会损害消费者的利益。

垄断排斥竞争，会造成供求双方的不平等，从而导致市场信号的扭曲失真，使市场机制难以发挥其优化配置资源的作用。在现实中，完全竞争的市场是不存在的，只存在垄断与竞争并存的不完全竞争市场。因此，单纯的市场调节并不能顺利实现国民经济整体上的资源配置优化。

（5）市场不能完全实现公正的收入分配

市场交易在原则上是平等的，由于人们的素质、所拥有的资源存在差异，因而收入水平会有所差别。市场的自发调节往往容易引起收入差距的扩大，从而影响到人们支付能力上的差别，产生两极分化，造成社会不安定。因此，市场机制在提高效率方面可以发挥其有效作用，但往往难以实现社会的公平目标。

（6）市场调节的盲目性和滞后性

市场调节具有一定的盲目性和滞后性，这会造成社会资源的损失和浪费。在市场经济条件下，经济活动的参与者都是分散在各自领域从事生产经营活动的，单个的生产者和经营者不可能掌握社会各个方面的信息，也无法控制经济变化的趋势，因此，他们做出的决策往往会带有一定的盲目性，这种盲目性会造成经济波动和资源的浪费。另外，市场调节是一种事后调节，从价格形成、信号反馈到产品生产的调整有一定的时间差。已经发生了供大于求，市场才发出减产信号；已经发生了供小于求，市场才发出增产信号。尤其是在农业、林业及大型项目建设上，影响更为明显。

广西南宁的苏圩镇是小有名气的“辣椒之乡”，因为过去几年辣椒及其制品受到人们的青睐，价格猛涨。于是，在高价格、高收益的吸引下，2012 年，许多农民就把水稻或甘蔗拔了改种辣椒。全镇每天有 40 万斤辣椒等着卖，往年 7 角、8 角一斤的辣椒都供不应求，结果当年 3 角一斤还没人要，严重影响了农民的经济收入。透过个案，可以发现这样的共性：生产只反映了短视的市场导向，“什么赚钱快就种什么”，到头来却发现，所种产品就出现“市场过剩”，既反映出生产环节对市场把握缺少了理性，也反映出市场信息对生产环节影响的迟钝。

市场调节的盲目性和滞后性，使市场经济在不断的起落中达到平衡。社会供求关系的平衡实际上是一个长期过程的总趋势，是以无数次的市场波动和不平衡为代价的，有时甚至是大起大落。这种反复无常的供求价格波动的背后，必然隐藏着社会资源的损失和浪费，甚至引起社会震荡，这些弊端是市场机制自身无法解决的。

二、政府调节经济职能

市场对于社会资源供求平衡的调节是作为一个总的过程逐渐完成的，是以过程中无数次的不平衡或经济运行的紊乱为代价的，往往造成社会资源的损失和浪费，有时甚至是巨大的、社会难以承受的损耗。因此，一旦市场处于无效率的状态，政府就成为弥补的重要手段。在“看不见的手”难以有效发挥作用的情况下，就需要发挥好“看得见的手”即政府干预经济的作用。

1. 政府在市场失灵领域中的作用

（1）实行宏观调控，保持经济稳定发展

经济发展存在周期性的波动，它既可能是经济活动内在规律性所致，也可能是人为分散决策之间不协调所致。这就需要超然于一般社会经济组织之上的机构即政府出面，用财政、货币等宏观政策和工具等对整个经济进行调控，以实现总需求和总供给的相对均衡，保证充分就业和物价的相对稳定，维持适度的经济

增长。

（2）外部效应的内部化

外部效应的存在是市场失灵的重要原因，它使市场机制无法实现资源的最优配置。因此，当外部效应存在时，政府需要对外部效应特别明显的领域进行干预，即鼓励积极的外部效应，抑制消极的外部效应，使外部效应内部化。简单说，外部效应的内部化就是通过经济机制设计等使市场机制失控的外部效应得以控制和消除，例如，可以通过大力发展科研和教育事业，努力将环境污染降到最优水平，或制定一些人们必须遵守的行为规范等措施来实现。

（3）提供公共物品

居民具有“搭便车”的动机，其直接后果是公共物品很难由私人生产和供应。例如，人们都知道强大的国防是十分必要的，但是，由于公共物品具有非排斥性，人们也知道即使自己不提供国防费用，也并不妨碍自己享有国防带来的利益。公共物品的生产这一重任只能交由政府这一类的公共组织来担当。于是，政府使用税收等强制手段筹措资金，承担了提供公共物品的职能。

（4）行业管制

在经济发展中，一些企业会通过过度竞争和不正当竞争手段打击对手，以谋取独家经营权，在某些行业形成垄断。垄断形成后，这些企业常常会以降低产量或提高价格的方式谋取更大收益，这无疑会阻碍市场机制的有效运行。同时，与公共物品类似，某些地方的一些社会需求无法通过市场调节得到满意解决。这些都要求政府出面，一方面防止过度竞争和垄断，另一方面为社会提供全面的服务。

（5）保持社会分配的相对公平

市场经济虽然可以相对有效地配置资源，但是却无法保证社会财富分配的公平性。因此，现实社会需要确定一种更符合公平分配原则的资源配置方式，但是市场做不了这种选择，由政府出面发挥作用则理所当然。

（6）弥补市场的不完全性和信息的不对称性

完全的、竞争的市场是“经济学家的乌托邦”，现实中的市场都是不完全的。在此，不完全的含义不是说有些市场还未建立，而是指市场本身的不完全性。另外，现实经济生活中还存在大量的信息不对称现象，即交易一方往往占有对方所不掌握的信息。在信息不对称的情况下，自发的市场竞争常常不能公平地保护交易双方的利益，于是便需要政府发挥一定的弥补作用。

（7）在国际竞争中保持本国的经济发展

在参与国际交往和竞争的过程中，各国政府发挥着重要的作用。历史和现实不断证明，政府对国际技术和经济交往进行战略性的政策干预是必要的，它能够保护本国企业的利益，保证本国经济的稳定和发展。

2. 政府失灵

如同市场本身有缺陷、会失灵一样，政府同样会因决策失误、实施不力而失灵。政府失灵是指政府作为公共物品的提供者，在做出公共选择时可能不是最优选择，并可能是缺乏效率的。市场的缺陷并不是把问题转交给政府的充分条件。市场解决不好的问题，政府可能解决得好，也可能解决不好，而且由于政府所具有的全局性的特点，它的失灵往往会给社会经济造成比一般市场失灵更大的资源浪费。

（1）政府失灵的表现形式

1）政治决策成本过大。政治决策以集体作为决策主体，以公共物品为对象，由于公共物品缺乏市场价格信息，政府在公共选择中要耗费巨大的信息成本（搜集人们的偏好信息并进行加工处理），面临信息传递中的信息扭曲问题。因此，政治决策是一个十分复杂的过程，存在着种种困难和障碍，使得政府难以制定并实施合理的决策，从而导致政治决策的失误。

2）行政低效。行政机构效率低下的主要原因在于：

①公共物品的供给缺乏竞争。竞争的缺乏可能导致政府部门的过度投资，生产超出社会需要的公共物品，而且不适当地扩大机构，增加工作人员，提高薪水和办公费用，造成大量资源浪费。

②政府官员缺乏追求公共利润的动机。由于政府官员不能把利润据为己有，加之公共物品的成本与收益难以测定，所以，与企业管理者追求利润最大化不同，政府官员通常会追求规模最大化，以此增加自己升迁的机会，扩大自己的影响。这必然导致机构臃肿、人浮于事、效率低下。

③缺乏对政府官员的有效监督。在现代政府管理体制中，政府官员的地位可以使他们制定某些有利于自身利益而不利于公共利益的政策措施，而在这个过程中往往缺乏有效的监督。

3）腐败、保守、本位主义。政府是由不同层次的许多代理人组成的，他们除了考虑委托人的利益之外，还会追求个人或集团的利益。市场主体都是趋利避害并追求自己利益的最大化，也就是说，每个市场主体都会根据自身的条件和判

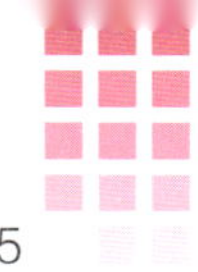

断，最大限度地去谋取利益。作为市场主体的政府系统各部门、各权力环节在本位利益驱动下，通过扩张可供他们掌握支配的收入，来寻求其福利最大化。在市场经济大潮冲击下，公职人员工资收入变得不再令人羡慕，而且与企业、经商单位中非公职人员收入水平的差距显著扩大，刺激政府系统及财政供养的事业单位出现“创收”高潮。因此，在制衡机制不够健全、权力很少受到约束的条件下，就可能出现腐败、保守、本位主义、消极怠工、草率决策、办事拖拉等一系列问题。

4）分配的不平等。市场活动导致了收入或财富的不平等，而意在克服市场分配不平等的国家干预，其自身也可能产生权力集中与收入上的分配不平等（此处收入分配上的不平等主要是指再分配的不平等）。

5）寻租行为导致的政府失灵。寻租行为是指人们以各种方式争取获得经济租金和准租金的行为。经济租金是指从长期来看，供给固定且不存在其他用途的要素的报酬。例如，油田的供给大体上是固定的，且油田只能用于开采石油，油田的报酬可以看成是经济租金。准租金是指从短期来看，供给固定且不存在其他用途的要素的报酬，即固定供给的生产要素的收益。例如，在短期内，企业使用的专用设备的数量是固定的，且它们只能用于特定的生产。这些要素的报酬被称为准租金。

在发达的市场经济中，寻租行为的典型表现是垄断企业人为减产提价，以增加企业的准租金。最常见的、影响广泛的寻租行为是种种涉及权钱交易的问题，即居民或利益集团为了自身经济利益对政府或政府官员施加各种影响的活动，如贿赂、游说等。寻租行为造成了经济资源配置的扭曲，阻止了更有效的生产方式的实施。

上述五个方面的“政府失灵”通常称为经典意义上的政府失灵。

（2）避免政府失灵的对策

当市场机制在一国经济运行中占上风时，由此产生的市场缺陷令人想起国家调控这只“看得见的手”；而当国家调控占据主导地位时，政府失灵又促使人们重新寻找市场那只“看不见的手”。现实中国家与市场并非水火不相容，它们更多的是相辅相成、共同发挥作用的。这一点我们可以从探究避免政府失灵的对策中清楚地看到。

1）进行体制改革。要克服政府干预行为的局限性，避免政府失灵，改善政府机构工作效率，最关键的是进行体制改革。

2）在公共部门引入市场机制。经济学家们设想通过在公共部门引入市场机制来消除政府低效率。其具体设想有：设置两个或两个以上的机构来提供相同的公共物品或服务（例如供水、公交服务），使这些机构之间展开竞争从而增进效率；利用私营部门的奖惩机制，根据政府高级官员的工作实绩给予特别“奖金”，并允许政府机构的负责人把本机构的“结余资金”（与最初的预算估计相比）用于“预算以外”的“投资活动”，以刺激和发挥政府机构及其负责官员的积极性；将某些公共物品的生产承包给私人生产者，以便更多地依靠市场经济来生产社会所需的公共物品。此外，还可以采取加强和鼓励地方政府之间的竞争等措施来提高地方政府的工作绩效。

3）引入利润动机。即在国家机构内建立激励机制，使政府官员树立利润观念，允许政府部门对节省成本的财政剩余具有某种自由处置权。例如，可直接分享成本节余或作为奖金津贴以及其他各种福利项目发放。当然，这种利润动机容易造成虚假的或损害公众利益的节余（如订立名目乱收费，以一定的资金提供尽量少的公共服务等），为此必须在引入利润动机的同时建立监督机制加强监督。

4）对国家的税收和支出加以约束。政府活动的支出依赖于赋税，因此，对政府的税收和支出加以约束，可以从根本上限制政府的行为范围，抑制政府规模的过度增长和机构膨胀。

3. 我国政府调节经济运行的举措

我国政府在市场的建立、完善和管理上，在社会环境的改善等方面还有许多工作要做。主要包括：

（1）推动市场体系的建立和完善

作为一种制度性安排的市场经济，是无法完全靠自然、自发的力量，不花任何代价就能在短期内实现的。当市场体系尚未建立和完善的时候，政府不发挥积极的作用，就可能会导致更多的经济问题和社会问题。因此，政府不仅要积极推动社会变革，而且还要大力促进市场体系的形成和完善。

（2）促进社会保障体系的形成

建立、健全我国的社会保障体系，积极筹集和合理分配养老金、失业金、医疗保险金、贫困救济金等，单靠企业或居民的力量是难以做到的，政府在其中有着任何其他社会组织无法替代的作用。

（3）国有资产的有效管理

我国的国有资产具有相当大的规模，国有经济占据着国民经济的重要地位。

因此在改革的过程中，如何防止国有资产流失、实现国有资产的保值和增值、提高国有资产的运营效益，是政府义不容辞的责任。

（4）自然环境和社会环境的治理

环境是一种公共物品。在许多国家的发展中，尤其是像我国这样经济持续高速发展的国家中，自然环境和社会环境都有不同程度的恶化。这实际上是对未来的一种“透支”。人们现在不但要忍受环境污染和社会秩序恶化所带来的种种短期后果，还将在未来为此付出更高的代价。因此，从长远和全面的角度来看，政府应该责无旁贷地对此采取积极的管理措施。

（5）代表公平和正义

政府不能利用手中的权力谋取不正当的利益，政府要代表人民群众的根本利益，努力为群众办实事，代表公平和正义，才能无往而不胜。

知识链接

美国 20 世纪 70—80 年代经济滞胀

1970—1982 年，美国在“滞胀”阶段，共经历了 4 次经济危机（分别为 1970 年 11 月，1975 年 3 月，1980 年 7 月，1982 年 11 月），在生产下降和失业率猛增的同时，物价不但没有下跌反而普遍大幅度上涨，形成高通货膨胀率、高失业率和低经济增长并存的独特经济现象。

1981 年，为了对付“滞胀”，里根政府改弦易辙，采用了四个措施：稳定货币供应量、减轻税赋、缩减开支、减少政府干预。最为有效的两条是稳定货币供应量和减少政府干预，美国终于在 1983 年迎来了新的经济增长高峰。

第二节　公共经济管理的组织

政府的宏观调控作为一只“看得见的手”，如何才能运筹帷幄，充分发挥经济管理的各项职能，实现经济管理最终目标呢？构建一整套合理、高效、多层次的管理组织机构就成为必然。

一、公共经济管理的概念

公共经济是与私人经济相对应的概念，是指在市场经济背景下公共部门与私人经济部门之间的经济关系，公共部门经济活动各要素之间的关系（包括生产、交换、分配、消费等环节）以及公共部门与市场之间的结构模式与整个经济体系之间的关系。

公共经济管理是政府的重要经济职能，是政府干预市场经济运行最显著的标志。政府的公共经济管理就是政府依据一定的宏观经济理论，运用经济的、法律的、行政的手段，制定和实施财政、货币等宏观经济政策，针对市场经济运行中带有全局性的问题所进行的调节、控制、组织和协调，以保证宏观经济政策运行的效率、稳定和公平。

从宏观管理的对象和问题来看，政府宏观管理的主要内容包括收入分配、消费储蓄、投资融资、产业结构、经济增长和波动、就业、对外贸易、通货膨胀、地区协调等。

二、公共经济管理体系

公共经济管理体系是以政府为主体进行公共经济管理，由公共经济管理的组织、目标、政策、手段等构成的具有完整管理功能的有机整体。该体系如同计算机系统，由“硬件”和“软件”共同组成。其“硬件”是指宏观管理组织机构，“软件”是指公共经济管理的目标、宏观经济政策以及各种调节控制手段。

三、公共经济管理的组织机构

公共经济管理组织机构是履行公共经济管理职能的主体，可以从不同的角度划分。

1. 根据管理功能划分

根据管理功能，公共经济管理组织机构可以分为决策机构、调控机构、监督和执法机构、信息机构。

（1）决策机构

决策机构分为两个层次：

1）决策者机构。我国公共经济管理的最高决策者机构是中共中央和国务院，有关公共经济管理的重大战略、重大政策和重要举措，都是由党中央、国务院或

综合职能部门研究决策，有的须经全国人民代表大会及其常务委员会审议通过。各省、自治区、直辖市所管辖范围内的重大经济决策则是由同级党委、地方政府和地方人大进行，这是由我国的国体和政体所决定的。

2）决策的支持系统。即各级党政机关的政策研究和咨询单位，如国务院研究室、国务院发展研究中心、各级政府各部门的政策研究室，广义上也包括高层次科研机构、大专院校等社会研究单位。这些单位的任务是接受决策者机构的委托，对宏观经济运行中的有关问题进行调查研究，提供决策所需的不同的预选方案。

（2）调控机构

调控机构包括各级综合经济管理部门、中央银行、财政部门、产业主管部门、人力资源和社会保障部门等。调控机构在既定的大政方针指导下，制定针对性较强的具体宏观经济政策，并通过经济、法律、行政等手段对宏观经济进行调节控制。

（3）监督和执法机构

监督和执法机构包括各级人民代表大会及其常委会、政协组织，中央银行、财政、税务、审计、工商行政管理、海关等职能部门，政府监察部门，检察、司法部门，新闻舆论部门等。

（4）信息机构

信息机构包括国家信息中心、各级统计局、各部门的统计机构、各调控部门等。

2. 根据机构性质划分

根据机构性质，公共经济管理组织机构可以划分为行政组织、经济组织和民间中介组织。

（1）行政组织

进行公共经济管理的行政组织包括两类：一类是综合职能部门，即各级发改委，以及中央银行、财政、税务、审计、工商、统计、人力资源和社会保障等行政部门；另一类是各产业或专业主管部门，产业或行业主管部门一般为不具有政府职能的经济实体，或国有资产经营单位，或自律性行业管理组织。

（2）经济组织

经济组织是体制改革以来转变公共经济管理方式的产物，包括三类：第一类是专门从事国有资产运营的各级国有资产经营公司、控股公司、投资公司；第二类是兼有行业管理职能的总公司，如中国石化总公司、船舶工业总公司、航天工业总公司、核工业总公司等；第三类是大型企业集团的核心企业。需要注意的是，这些经济组织本身不应属于政府的行政序列，也不直接负有政府职能，否则就不是真正的经济组织。因此，第二类只是过渡性质的“经济组织”，应向第一类或第三类转化。它们之所以能够发挥公共经济管理的某些作用，主要在于它们在某个领域（如国有资产运营）或某个行业中所具有的垄断性地位和影响力，政府可以通过调节它们的利益和行为，间接地影响大批其他企业，从而实现宏观调控的目标。

（3）民间中介组织

如工商联组织、各行业协会等。它们可以作为政府与企业之间进行沟通、协商的桥梁，一方面代表特定的利益群体向政府反映其情况或要求，另一方面可以协调本阶层、本行业各个企业的利益，并贯彻政府公共经济管理的某些政策意图。这是在市场经济条件下，政府实施有效的公共经济管理的重要途径。

第三节　公共经济管理的目标与手段

为了进一步完善社会主义市场经济体制，我国按照统筹城乡发展、统筹区域发展、统筹经济社会发展、统筹人与自然和谐发展、统筹国内发展和对外开放的要求，更大程度地发挥市场在资源配置中的基础性作用，增强企业活力和竞争力，健全国家宏观调控，完善政府社会管理和公共服务职能，为全面建设小康社会提供强有力的体制保障。那么，何谓国家宏观调控，政府经济管理的目标和实现目标的手段是什么，就是本节我们要学习的内容。

一、公共经济管理的必要性

公共经济管理是政府的重要经济职能，是政府干预市场经济运行最显著的标志。政府的公共经济管理就是政府依据一定的宏观经济理论，运用经济、法律、行政等手段，制定和实施财政、货币等宏观经济政策，针对市场经济运行中带有全局性的问题所进行的调节、控制、组织和协调，以保证宏观经济政策运行的效率、稳定和公平。

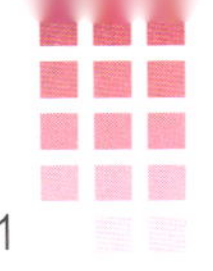

知识链接

社会经济的类型

社会经济可划分为宏观经济和微观经济两个系列。宏观经济是指国民经济中的总量关系，主要包括国民收入的生产、分配和使用，财政、金融、价格、消费和投资，国民经济发展的规模和水平、发展速度、比例关系和综合平衡，社会经济效益、资源配置和经济结构，社会总供给和总需求等。微观经济是指社会再生产中单个经济单位的经济活动以及相应的经济数量关系，包括企业和独立的商品生产者个人。

在现代经济条件下，宏观经济内各要素的平衡与协调是实现社会生产目的、保证社会再生产过程顺利进行的必要条件，因此，国家必须对宏观经济加强管理。宏观调控是指国家从经济运行的全局出发，按预定的目标通过各种宏观经济政策、经济法规等对市场经济的运行从总量上和结构上进行调节、控制的活动。宏观调控的主体是国家，调控的客体和对象是市场经济运行的过程和结果。

现代市场经济都是有宏观调控的市场经济。在发挥市场基础性作用的前提下，加强宏观调控不仅是弥补市场失灵的一般要求，而且在我国当前市场发育不够健全的情况下，更显得尤为重要。因而，建立和完善社会主义市场经济体制，必须健全宏观调控体系，这是客观的必然要求。

1. 社会化生产的必然要求

社会主义经济发展是建立在社会化大生产基础之上的，客观上要求由政府进行宏观调控，使国民经济按比例协调发展，避免和减少由于市场的盲目性而带来的损失。这也是社会分工越来越细，生产社会化程度越来越高，国民经济各部门之间相互联系、相互制约程度越来越大的要求。

2. 市场经济正常运行的客观要求

市场机制在社会资源配置中，能有效地发挥作用，但它不是万能的，其弱点和不足表现为市场失灵，这就需要由国家进行宏观调控，来解决诸如就业问题、总供给和总需求平衡问题、结构协调和通货膨胀等问题。

3. 社会主义经济制度的客观要求

具体分析，一是公有制经济的要求。公有制经济，尤其是国有经济属于广大劳动人民，它的经济活动应该服从社会主义生产目的，这就要靠宏观调控在全社会范围内有效地使用人力、物力和财力发展生产，使经济活动符合人民的利益。二是加速我国经济发展的客观要求。我国是发展中的社会主义国家，我们要走出一条健康的快速发展道路，必须要求国家对促进经济发展发挥作用，以充分发挥社会主义优势。三是共同富裕的要求。我们的最终目标是达到共同富裕，这一立足点比一般市场经济国家处理效率与公平关系的要求更多，这就必须依靠国家的宏观调控来实现。

在经济管理中，调节主要是指运用各种手段和措施，使系统状态回到正常轨道上来的活动。控制一般是指为了使实际经济活动与实现目标相一致而采取的一切活动。由于在实际工作中，调节和控制往往交织在一起，因而习惯上把二者合并使用，称之为调控。宏观经济调控就是国家对国民经济实施总体管理，其实质就是通过对千千万万个微观经济主体活动的引导，使它们在追求自身利益的过程中，实现国民经济发展的目标，保证社会主义市场经济有序进行，既实现资源配置的优化，不断提高宏观经济效益，又保持国民经济重大比例关系协调，经济结构优化，为微观经济运行提供良好的宏观环境，最终达到社会经济发展的战略目标。

政府对经济的参与和调控并不是要取代市场的地位，而是以市场对资源的配置为基础，改变市场失衡的条件，引导市场走向均衡发展。一般来说，政府对经济干预是以社会总体的福利和效率改进为目标的，而不是只改进某种社会阶层或利益集团局部的福利和效率。

二、公共经济管理的目标

就政府公共经济管理目标具体而言，可以从微观和宏观两个方面分析。

1. 微观方面的目标

微观方面，政府的干预目标是改善市场条件，扩展市场，从而改善配置，增进效率。为此，政府必须提供公共物品以解决市场普遍性问题，消除信息不对称、交易成本过高、资源非流动性、价格刚性等市场不完全问题，对不完全竞争行为进行规制以提高社会福利，减少市场不确定性，对产业结构做出调整以满足经济的动态效率。

2. 宏观方面的目标

宏观方面，要求实现政府宏观经济政策目标，即长期经济增长、物价稳定、充分就业和国际收支平衡。

宏观经济政策的目标，就是指一国政府在对宏观经济进行调节和控制时所要求取得的经济与社会的收益。

（1）长期经济增长

长期经济增长是指政府所要求达到的、既能满足社会发展的需要同时又使人口增长和技术进步所能达到的适度的长期经济增长率。

经济增长是政府长期追求的主要经济干预目标。经济增长是经济总量平衡、经济结构优化的结果和表现，社会主义经济建设应该力争较高的增长速度，但增长速度一定要合理。第二次世界大战后，国民收入统计制度的标准化，明确了衡量经济增长速度的指标，使各国增长速度具备了比较好的可比性，从而也刺激了各国争取实现高速增长的动机。增长的经济一方面会使工资上升从而促进劳动的供给增加，另一方面生产的不断扩大又会刺激劳动需求的增加，促使经济实现更高水平上的均衡。增长也可能带来负面的影响，单纯的扩大生产规模容易造成对环境的破坏，片面采用劳动节约型技术的增长在短期内甚至可能加剧失业问题。一味地追求增长目标会影响政府其他目标的实现，如引起通货膨胀、影响经济稳定等。因此，各国必须根据自己的国情合理地选择增长方式和增长目标。

（2）物价稳定

物价稳定是指在社会所能接受的通货膨胀率基础上的、政府所需维持的一种低而稳定的通货膨胀率。物价稳定是国民经济总量平衡、结构优化、适度增长的综合反映。物价总水平基本稳定，是指物价上涨幅度保持在经济顺利运行所允许而又为居民所承受的范围内，它的主要标志是商品零售物价上升幅度低于职工平均工资的增长速度。物价稳定状况，一般用市场价格指数来表示。物价综合指数每年自发上涨率一般在 2% ~ 3% 以内，表示基本稳定，达到 10% 是“危险警戒线”。

知识链接

通货膨胀

对一般消费者而言，买东西最好能够“物超所值”。100 元的东西只花 80 元买到最好，就算没有那么好的事，至少希望做到不吃亏，能做到“一分钱一分货”。不过，如果以前能买到“一分货”的钱，现在只能买到“半分货”，那个感觉就是亏了，通货膨胀的坏处是它让我们手上的钱能购买到的东西越来越少。

通货膨胀是指一般物价水平在某个时期内持续地以相当的幅度上涨。这里所指的一般物价水平是指大部分商品，如果只是单纯某一种或几种商品价格的上涨，而其他商品的价格保持稳定，则不算通货膨胀，因为它可能只对某些人有影响，对其他人甚至总体经济的影响不大。比如某年荔枝价格上涨了，可能是这一年在荔枝开花时节雨水太多，致使荔枝的产量下降而发生涨价。当然，有时某一种商品价格的上涨也会引起其他商品的普遍上涨，这样就可能形成通货膨胀了。比如石油，因为石油是现代工业必需的燃料和很多化工产品的重要原料。在 1973 年及 1979 年两次石油危机期间，石油价格的飞涨就引起了全球性的通货膨胀。其次，一般物价必须是“某一时期内持续性地以相当的幅度上涨”才算是通货膨胀，如果很多商品的价格只是一次即止的上涨，只能称为物价调整。如春节期间水果蔬菜价格上涨，只能称为季节性或短期性的供需失衡。如果物价涨幅不大，也不能称为通货膨胀。至于这个“相当幅度”是多少，各国也还没有一定的标准，只能以超过正常平均水平来界定。例如过去十年的物价平均每年上涨 2%，但今年开始连续三年上涨 5%，这样连续性超过平均水平的上涨才可称为通货膨胀。

（3）充分就业

充分就业并不是人人有工作，通常是指在社会可接受的范围内而存在的失业率基础上的总就业水平。充分就业之所以成为重要的经济干预目标之一，主要原因是：其一，充分就业有利于经济资源的完全利用，从而有利于提高整个经济的效率；其二，充分就业能够为全体人民提供最大的生活保证；其三，充分就业能够刺激劳动者的技术进步，从而提高劳动生产率和实际工资；其四，充分就业还有利于社会的稳定。但是，与稳定物价的目标相同，充分就业这一政策目标也并不意味着要消灭失业。目前世界上任何一个国家都没有做到这一点。充分就业只是指失业率必须保持在尽可能低的水平上。一般失业率在 4% ~ 5% 时，就可认为已实现社会的充分就业。社会经济中的自愿失业以及由于劳动力在不同地区和行业之间的流动所造成的摩擦性失业，即所谓的“自然失业”，通常并不成为充分就业这一政策目标的对象。充分就业的政

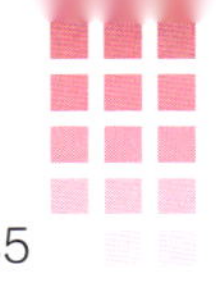

策目标主要针对由经济周期性波动所带来的失业和劳动力相对过剩所造成的失业。

知识链接

失 业 率

失业率是指失业人口占劳动人口的比率（一定时期全部就业人口中有工作意愿而仍未有工作的劳动力数字），旨在衡量闲置中的劳动产能。

失业率指标被称为所有经济指标中“皇冠上的明珠”，它是市场上最为敏感的月度经济指标。一般情况下，失业率下降，代表整体经济健康发展，利于货币升值；失业率上升，便代表经济发展放缓衰退，不利于货币升值。若将失业率配以同期的通货膨胀指标来分析，则可知当时经济发展是否过热，是否会构成加息的压力，或是否需要通过减息以刺激经济的发展。

（4）国际收支平衡

国际收支平衡是指既无赤字又无盈余的国际收支。因为无论是国际收支赤字还是国际收支盈余，对国内经济发展都有不利的影响。收支赤字会给一国带来沉重的债务负担，收支盈余会造成资源的闲置，机会损失大。

在开放的经济条件下，国际收支平衡对于国内经济总量平衡、结构优化、适度增长、物价稳定、国民经济健康发展的意义日益增大。在国际收支平衡中最重要的是保持适当的外汇收支余额和偿债率（当年还本付息额占外汇收入的比重）。国际上一般将 20% 的偿债率作为警戒线。一国的对外贸易和国际资本流动将对国内的宏观经济产生影响。只有内部经济和外部经济同时实现均衡，才能实现市场均衡。在这里，国际收支平衡是重要的可控性目标。

知识链接

最佳目标的选择

由于市场结构的不同，各国在最佳目标的选择上存在很大的差异。在发达资本主义国家中，市场发展已成熟，政府更多地把维持物价稳定和充分就业作为自己首选的干预目标。而在经济相对落后的国家，政府会更加注重经济增长的目标，从而容忍一定程度的通货膨胀。

三、政府宏观经济调控手段

政府一般采取的宏观经济调控手段主要有计划手段、经济手段、法律手段和行政手段。

1. 计划手段

在社会化大生产条件下，计划和市场都是资源配置、经济调节的手段。计划手段是指政府通过编制和实施国民经济与社会发展计划（规划），对社会经济的运行和发展进行调控。

计划是宏观调控的重要手段，它规定国民经济发展目标和经济结构调整的方向，从总体上促进生产要素的合理配置；它协调政府各职能部门的行动，使各种经济政策和经济杠杆的运行相互配合；它引导微观经济主体的决策，使之与宏观经济发展目标相衔接；在宏观调控中，它是其他调控手段运作的基本依据。在调控手段体系中，国家经济计划处于最高层次位置，它规定着其他调控手段的作用、方向，是一种导向性的手段。

在市场经济条件下，市场发挥着资源配置的基础作用，国家对经济的宏观调控只能以间接调控为主。在间接调控中，国家计划调节市场，市场引导企业。因而，国家计划要以市场为基础，计划要突出宏观性、战略性、政策性，总体上应是粗线条的弹性的指导性的计划。

知识链接

计划手段的类型

计划手段是通过国家制定的长期、中期、短期经济计划，对国民经济的运行和发展进行调控。

长期计划，也称远景规划，是指计划期限在10年或10年以上的规划，是关于经济、科技和社会事业发展的战略性纲领性文件，是经济和社会发展战略的具体化，决定中期计划的方向和任务，是编制中期和短期计划的依据。中期计划，一般是5年计划，是实现宏观计划调节的基本形式，在整个计划体系中居承上启下的中间地位。一方面，中期计划是长期计划的具体化，另一方面又是短期计划编制的依据。短期计划包括年度计划和季度计划，以年度计划为主要形式，是发展国民经济的行动计划。

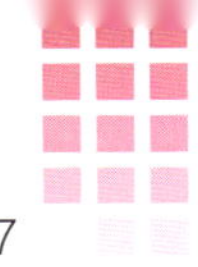

运用计划手段进行宏观调控，必须搞好综合平衡。综合平衡是指在国民经济宏观管理和计划工作中，使国民经济的各种基本比例关系保持相对平衡，以促进国民经济协调、快速发展。在综合平衡的过程中，要重点抓好财政、信贷、外汇和物资的平衡，简称“四平”。财政平衡是国家财政收入与支出的平衡，信贷平衡是银行信贷收入与支出的平衡，外汇平衡是国家外汇收入与支出的平衡，物资平衡是物资供给与需求的平衡。“四平”既反映了财力（货币运动）的平衡，又反映了物力（物资运动）的平衡。这些平衡的实现，为保持经济总量平衡和经济结构优化奠定了基础，从而为国民经济持续、快速、健康发展创造了前提。

2. 经济手段

经济手段是指国家依据价值规律的要求，通过运用与价值形式相关的各种经济杠杆，对社会经济的运行进行调控。

（1）经济手段的类型

经济手段可运用的经济杠杆很多，主要有价格、税收和信贷等，它们共同形成经济杠杆体系。经济杠杆都是经济利益的调节者，它们的作用是从不同的方面影响经济主体的经济利益，促使各经济主体自动地按照经济杠杆作用所引导的方向调整自己的生产经营方向和规模，以达到符合宏观经济运行的目标。

1）价格。价格是商品价值的货币表现，它作为市场经济运行中最重要的因素，综合地反映了各种复杂的经济关系。在宏观调控中，通过国家干预价格的形式，价格杠杆在市场经济运行中发挥着重要作用。国家干预价格的主要形式有：对基础性、公共性行业的行政管理价格，为了防止某些商品价格过度上涨的限制价格，为了扶植某一行业而规定的行业产品的支持价格，以及直接参与市场活动、吐纳商品的干预价格等。

2）税收。税收是国家参与国民收入分配的一种重要方式，也是国家依法取得财政收入的最重要手段。在宏观调控中，税收杠杆通过税收、税目、税率、附加税和减免税等具体形式发挥作用。

3）信贷。信贷是国家有计划集聚和分配资金的一种方式，是银行和企业之间的主要经济关系。在宏观调控中，信贷杠杆通过贷款投向和额度、借贷和偿还手段、各种存贷利率等，来引导资金的合理运动。

（2）经济手段的功能

经济手段在整个宏观调控手段体系中占有重要地位，具有多方面的功能：

1）分配功能。通过国民收入分配和再分配，使各经济主体创造的国民收入与其所得的国民收入发生偏离，从而调节各经济主体之间的盈利水平。

2）调节功能。国家运用经济杠杆，通过调节国民收入分配和再分配，从宏观上调节社会总供给和总需求的关系，从微观上调节商品生产经营者的经济活动，以促进国民经济协调、高效地运行。

3）控制功能。即运用经济杠杆把那些关系国民经济全局的重大经济活动控制在社会经济协调发展所需要的限度之内。

4）动力功能。就是利用各经济主体对其自身利益的关心和追求，推动经济发展，实现经济调节。

（3）经济手段的优点

运用经济手段进行宏观调控，具有很多优点：一是反应灵敏。经济手段所运用的经济杠杆是市场经济运行和平衡的“晴雨表”，各种经济杠杆的变化会迅速反映出经济运行和平衡的状况。二是运用灵活。经济手段可以根据不同的经济形势和外部环境，采用不同的杠杆，并可随着经济杠杆的作用方向和力度，适应复杂多变的经济活动。三是作用普遍。经济手段是通过调整经济利益的办法，使成千上万个经济主体从自身利益出发，自动而又及时迅速地做出反应，从而使整个市场、整个社会的经济都沿着宏观调控目标指引的方向前进。所以，在社会主义市场经济中，宏观调控要以经济手段为主。

3. 法律手段

法律手段是指国家通过经济立法和经济司法等规范经济行为，维护经济秩序，对社会经济的运行进行调控。在市场经济条件下，一切微观和宏观的经济活动都要纳入法制体系之中，市场经济是法制经济。

（1）法律手段的类型

法律手段有保护和制裁两个方面。法律保护手段是通过经济立法，制定和实施各种经济法规，以保护各种经济计划、经济政策、经济措施和经济合同的有效贯彻执行，保护市场经济主体的权利和利益，保护社会主义市场经济建设的顺利进行。法律制裁手段是通过经济司法，审理各种经济纠纷案件，制止不利于市场经济发展的各种现象，对于违反经济法规的经济主体和犯罪分子，给予必要的惩罚和有力的制裁，维护经济运行的正常秩序。

（2）法律手段的特点

在市场经济中，法律手段作为宏观调控的重要手段，是由法律手段的特点决定的。法律手段的特点有：

1）规范性。法律规范了法人与公民的权利与义务，指明了可以做什么和不可以做什么，应该做什么和不应该做什么。

2）强制性。法律手段既有行政的强制，即国家管理机关对经济主体活动进行监督，对其违法活动进行纠正和处理；又有司法的强制，即司法机关对经济纠纷的解决和经济违法的制裁。

3）责任性。凡违反经济法规、不履行经济义务者，必须承担违法责任。根据违法的危害程度，可以分别给予经济制裁、行政处分和刑事制裁。

4）稳定性。经济法规一经权力机关制定和颁布执行，在一个较长的时期内，将保持稳定，不得随意变动。随着我国经济法制体系的逐步形成和完善，法律手段在调整各种经济关系、规范经济行为、维护市场秩序、为经济的良性循环创造条件等方面，将起到越来越大的作用。

（3）法律手段的完善

发挥法律手段的调控作用，一方面要求加快经济立法，改变在许多经济领域无法可依的状况。当前需要制定和完善的有关法律有：规范市场主体的法律，即有关企业设立及其法律地位、权利、义务等方面的法律规范；维护市场秩序的法律，即关于市场运行及市场秩序方面的立法；加强宏观调控的法律，即规范宏观调控的地位和作用、限定调控范围、把握调控力度的法律；完善社会保障的法律，即有关劳动就业与社会保障等方面的立法；涉外经济法律，即有关参与国际经济方面的立法。另一方面要求加强经济司法，健全经济司法机构，完善经济审判程序，提高经济司法人员的业务素质，真正做到有法可依、有法必依、执法必严、违法必究。

知识链接

宏观调控法律的类型

（1）预算法。预算法主要是规定预算方案的制定、通过、实施和检查，以保证预算资金的合理使用。

（2）银行法。银行法包括中央银行法和商业银行法。前者主要规定中国人民银行的性质和任务、业务和职权、组织机构，并使其依据国家政策调节金融，扶植信用制度。后者主要规定商业银行的任务、需具备的条件、业务、组织机构、监督和管理，以充分发挥商业银行办理存款、放款、票据交换和汇兑业务的作用。

（3）物价法。物价法主要规定价格的调节形式和价格的监督管理，以有效地实现价格的调节功能。

（4）税法。税法主要规定税种、税率、计征依据、纳税管理和对偷税、漏税的制裁措施，以充分发挥税率的调节作用，并保证国家的税金收入。

（5）审计法。审计法主要规定审计的形式、审计的机构、审计的实施、审计的程序，以及实现审计的监督、评价功能。

4. 行政手段

行政手段是国家依靠行政机构，采取带有强制性的命令、指示、指标、规定和下达指令性任务等方式，调控和管理社会经济的运行。行政手段依靠上级行政机关的权威，用非经济手段直接管理经济活动，具有直接性、强制性、无偿性和速效性等特点。

行政手段对宏观经济的调控作用，主要体现在两个方面：一方面，当市场经济出现较严重的全局性问题时，如国民经济总量平衡关系遭到严重破坏，而经济手段和法律手段又难以及时有效发挥作用时，采用必要的行政手段，直接干预市场运行、价格机制，会起到较显著的作用。另一方面，对有关国计民生和国防的重大建设项目，如特大的水利工程、重大的交通干线，采用必要的行政手段就会较快地集中人力、物力和财力，保证项目按质、按量、按期完成。在市场经济正常运行的一般情况下，行政手段主要用于制止干扰和破坏经济秩序的行为，如乱摊派、乱集资、偷税、抗税、骗取出口退税等。

例如，在我国从事商品生产和经营必须从国家工商行政部门取得营业执照；从事食品经营，还必须取得国家卫生部门颁发的卫生许可证，否则就不得从事经营。另外，公共交通、通信的收费标准，由国家物价管理部门核准确定，任何单位和个人都不准随意更改。这些都是行政手段对经济管理的控制。

在市场经济条件下，行政手段仅仅是宏观调控的辅助手段，不能片面地强调和过多地运用，否则将不利于社会主义市场经济的发展，使经济发展失去活力。即使在使用行政手段时，也要从实际出发，以客观经济法律为依据，注意微观经济主体的经济利益。

社会主义市场经济的宏观调控过程，实际上就是上述各种调控手段配合运用的过程。各种调控手段相互联系、相互补充，构成了完整的宏观调控体系。在宏

观调控中，应当以计划手段为指导、经济手段为中心、法律手段为保证、行政手段为补充，突出运用经济手段，综合运用其他调控手段，发挥它们的总体功能，从而有效地调节和控制社会主义宏观经济的运行。

四、公共经济管理的政策工具

国民经济持续、健康、稳定发展需要政府宏观调控手段的介入。同时，还要寻找适合的政策以达到它所选择的调控目标。政府针对市场失衡的原因和类型，具体有以下几种政策可供选择：

1. 保证分配公平、经济增长与稳定为目标的政策，如财政政策、货币政策和税收政策等。

2. 提供公共物品和解决外部性的政策，如公共事业投资政策、社会福利政策、对污染工业进行规制的政策以及补贴政策等。

3. 处理市场不完全竞争的政策，如反垄断法和其他对企业的市场活动进行规制的政策等。

4. 处理自然垄断的政策，如对公益事业等自然垄断行业的进入和退出、价格、投资进行控制的政策等。

5. 处理信息不对称的政策，如保护消费者利益的政策、要求厂商公开信息并对其广告和产品说明进行规范的政策以及知识产权赋予和保护政策等。

6. 与多样化的市场失衡相关的政策，如产业政策（包括新生产业政策、不景气产业的结构调整政策、中小企业政策等）和科学技术振兴政策等。

知识链接

1997 年亚洲金融风暴后我国政府宏观调控政策

1997 年 7 月 2 日，亚洲金融风暴席卷泰国，泰铢贬值。不久，这场风暴扫过了马来西亚、新加坡、日本、韩国和中国等地，打破了亚洲经济急速发展的景象。亚洲一些经济大国开始萧条，部分国家的政局也开始混乱。

我国针对 1997 年亚洲金融风暴的宏观调控政策主要有：

（1）增发国债。1998 年至 2004 年 7 年间共发行长期建设国债约 9 000 亿元，同期银行发放国债项目配套贷款 2 万多亿，直接拉动投资约 4 万亿元。

（2）加强基础设施建设。7年间总共通过9 000多亿元国债资金安排了1 000多个基础设施建设项目，为我国经济持续稳定发展打下了良好基础。

（3）调整税收政策。1998年至2002年间，通过提高部分产品的退税率，减免关税和进口环节增值税，降低固定资产投资方向调节税和国产设备投资部分抵免（40%）企业所得税，降低证券交易印花税率和金融保险营业税率等，继续支持农村税费改革。

（4）调节收入分配，完善社会保障制度。1998年至2002年间，通过征收个人存款所得税调节个人收入差距和鼓励消费，增加预算单位职工工资、提高下岗职工等低收入人员的最低生活保障水平和企业离退休人员待遇；提高预算部门职工工资和离退休人员养老金，进一步完善收入分配政策；提高社会保障程度，减轻农民负担，加大科教投入；加大公共社会保障方面的支出。

练习题

一、填空题

1. 市场经济就是市场在（　　）中起基础性作用的经济。

2. 在市场经济中，资源配置是通过市场机制实现的，即通过市场中的（　　）、（　　）和（　　）对资源进行配置。

3. 市场调节具有（　　）和（　　），会造成社会资源的损失和浪费。

4. 居民具有“搭便车”的动机，其直接后果是（　　）很难由私人生产和供应。

5. 公共经济管理体系是以为（　　）主体进行公共经济管理，由公共经济管理的组织、目标、政策、手段等构成的具有完整管理功能的有机整体，由“硬件”和“软件”共同组成。其“硬件”是指（　　），“软件”是指公共经济管理的（　　）、（　　）以及各种（　　）。

6. 公共经济管理的手段主要有（　　）、（　　）和（　　）。

7. 经济手段主要有（　　）、（　　）和（　　）等，它们共同形成经济杠杆体系。

8. 经济手段在整个宏观调控手段体系中占有重要地位，具有（　　）、（　　）和（　　）的功能。

9. 法律手段具有（　　）、（　　）、（　　）和（　　）四个特点。

二、判断题

1. 在现实经济生活中，市场机制的核心是供求机制。（　　）

2. 我国制定了《反不正当竞争法》和《价格法》等，这表明商品的价格是由政府和市场共同决定的。（　　）

3. 市场为生产者和经营者提供正确信息，使他们做出正确的决策。（　　）

4. 市场调节和国家宏观调控是相辅相成、互为补充的资源配置方式。（　　）

5. 我国公共经济管理的最高决策者机构是中共中央和国务院。（　　）

6. 行政手段是用经济手段直接管理经济活动的。（　　）

7. 充分就业就是指达到就业年龄的人口，人人有工作。（　　）

三、简答题

1. 资源配置包括哪几个方面的问题？

2. 市场失灵主要表现在哪几个方面？

3. 政府在市场失灵领域中的作用有哪些？

4. 公共经济管理的组织机构如何划分？

5. 公共经济管理的目标有哪些？

6. 公共经济管理的必要性表现在哪些方面？

四、综合题

材料一　近年来的食品安全事件时有发生，网络上的“苏丹红”“三聚氰胺”“地沟油”“树胶蜂胶”“化学火锅”“假鸡蛋”“合成豆腐”等负面新闻给食品安全管理敲响了警钟。

材料二　某地市场出现了无公害有机绿色蔬菜、水果，人们跟风购买，导致该地的有机绿色果蔬需求量激增，价格上扬。许多果蔬供应商见此，纷纷把果蔬都贴上了无公害有机绿色标签，并获得丰厚的收益，但真正经营无公害有机绿色果蔬的农场因此遭受损失。

材料三　负责食品安全监管的行政部门也深深感到，解决食品安全问题，不仅关系到维护百姓的生命与健康权利，也对维护社会稳定，构建和谐社会，实现全面建设小康社会的奋斗目标具有重要的意义。各地食品安全监管部门分析食品安全形势，研究部署、统筹指导食品安全工作，提出食品安全监管的重大政策措施，督促落实责任。

材料四　某地有机绿色果蔬生产量大增，持续一段时间后，果蔬价格大幅度跳水。应当地无公害有机绿色果蔬农场的请求，政府对所谓“无公害有机绿色产品”释疑解惑，通过政府信息平台发布供求信息，帮助联系加工企业，从而稳定了真正“无公害有机绿色产品”的价格。

1. 根据以上材料，完成下列选择。

（1）根据材料一，食品安全事故的发生说明在市场经济条件下，市场调节存在（　　）（单选）。

A. 局限性　　B. 自发性

C. 盲目性　　D. 滞后性

（2）根据材料三，国家食品安全监管开展食品市场整顿，切实保障食品消费安全，这表明（　　）（单选）。

A. 市场调节是资源配置的基础　　B. 政府运用行政手段监管市场

C. 宏观调控是资源配置的基础　　D. 政府运用经济手段监管市场

（3）根据材料四，这说明“无公害有机绿色产品”种植业的稳定发展（　　）（单选）。

A. 在于信息公开控制产量

B. 要充分发挥价格机制的调节作用

C. 依赖于加工业的发展

D. 离不开政府的引导和扶持

（4）根据材料一、材料二，我国各地采取措施整顿和规范市场秩序，积极查处制售假冒伪劣食品、串通涨价、价格欺诈等案件，加强市场监管，保障市场供应。这些典型案件的存在（　　）（多选）。

A. 说明市场调节不是万能的　　B. 是市场调节缺陷的体现

C. 违背了市场交易原则　　D. 动摇了公有制经济的主体地位

（5）综上所述，要保证社会主义市场经济的市场秩序，每个公民都应该做到（　　）（多选）。

A. 遵守市场规则，做一个诚实守信的人

B. 树立诚信观念，遵守市场道德

C. 只要是不侵犯自身利益，没必要和违反市场规则的行为做斗争

D. 学法、懂法、守法、用法

2. 根据以上材料，完成以下问题。

（1）运用所学的经济知识，分析食品安全问题频频发生的原因?

（2）运用经济常识，说明社会主义市场经济是如何配置资源的?

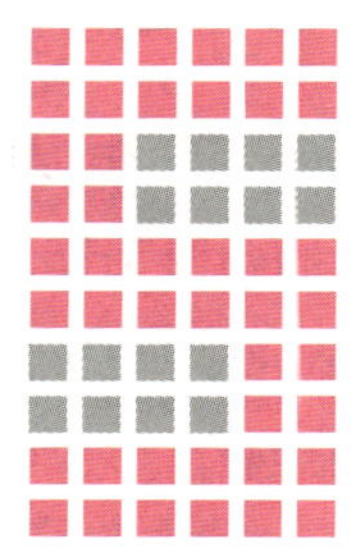

第五章 经济政策

学习目标：

◇ 了解财政职能及财政收支的方式

◇ 掌握财政政策的类型及其工具

◇ 了解货币政策的目标，掌握货币政策的主要工具

◇ 掌握财政政策和货币政策的应用以及配合使用

◇ 了解税收的职能及特征，掌握税收征管方法

通过前面的学习，我们知道市场机制并不都能自动达成经济社会资源配置的效率目标，也不能保证资源与要素的充分利用。解决这一问题常常需要借助于人为的手段来辅助实现，经济政策正是一国政府运用一定的政策工具而制定的解决经济问题的指导原则和依据。

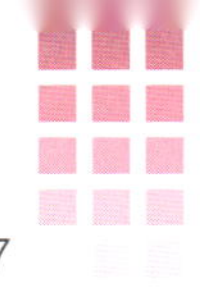

第一节 财政政策

一、财政职能

财政是国家或政府的一种经济行为，是履行和实现政府经济职能的手段。财政职能是由财政本质所决定的财政所固有的功能和职责，它是不以人的意志为转移的。财政职能就是政府的经济职能，即资源配置职能、收入分配职能、经济稳定职能及经济发展职能。

1. 资源配置职能

资源配置职能就是运用有限的资源形成一定的资产结构、产业结构以及技术结构和地区结构，达到优化资源结构的目标，以实现社会资源的有效配置。简而言之，就是通过财政手段使资源能够被充分利用，其主要内容表现在以下三个方面：

（1）财政可通过采取转移支付制度和区域性的税收优惠政策，加强制度建设，消除地方封锁和地方保护，完善基础设施建设，提供信息服务等方法，促进要素市场的建设和发展，推动生产要素在区域的合理流动，实现资源配置的优化。

（2）财政通过调整投资结构，形成新的生产能力，达到优化产业结构的目标。政府可通过产业政策指导和集中性资金支持，或政府直接投资，还可利用财政税收政策引导企业投资方向，以及采用补贴等方式调节资源在国民经济各部门之间的配置，形成合理的产业结构。

（3）由于市场无法有效提供公共物品，那么提供公共物品就是政府的基本职能，政府一般以税收等形式筹措资金，以不损害市场机制和秩序为原则来提供公共物品。

2. 收入分配职能

收入分配职能主要是通过调节企业的利润水平和居民的个人收入水平实现的，税收和转移支付是政府履行收入分配职能的主要工具。

3. 经济稳定职能

在市场经济中，实现充分就业、稳定物价水平、平衡国际收支是财政经济稳定职能的三个功能。

保证社会经济的正常运转，保持经济稳定发展，就必须采取相应政策，即根据经济形势的变化，即时变动财政收支政策，如积极的财政政策、消极的财政政策、稳健的财政政策以及扩张的财政政策。同时，采用“自动”稳定装置，以不变应万变，减缓经济的波动。在政府税收方面，主要体现在累进的所得税上。当经济处于高峰期时，可抑制需求，防范经济过热；当经济处于低谷时，可刺激需求，促使经济复苏。在政府支出方面主要体现在社会保障支出，用以控制在不同经济发展时期失业人口的数量。同时，还有政府的农产品价格支持制度等。这些都是实现经济稳定职能的重要措施和手段。

4. 经济发展职能

发展是人类永恒的主题。我国作为发展中的大国，市场尚欠发达，经济结构亟待调整，资本相对匮乏，企业家阶层尚未全面形成，促进经济发展是财政无法推卸的责任。而在社会主义市场经济体制下，政府可以利用有效的财政政策，加快经济增长，促进经济结构调整，实现经济发展。

二、财政收支

1. 财政收入

（1）财政收入的概念

财政收入是政府为履行职能而占有的以货币表现的一定量的社会产品价值，主要是剩余产品价值。政府取得财政收入主要凭借其公共权力，公共权力包括政治管理权、公共资产所有权或占有权、公共信用权等，其中政治管理权是核心，这是由政府供给的公共物品和公共服务的性质所决定的。

（2）财政收入的类型

财政收入有两种类型：一是以财政收入的形式为标准，主要反映财政收入过程中不同的征集方式以及通过各种取得的收入在总收入中所占的比重；二是以财政收入的来源为标准，该分类可体现作为一定量的货币收入从何取得，并反映各种来源的经济性质及其变化。

1）按财政收入的形式分类。财政收入的形式是指国家取得财政收入的具体

方式，它的形式有两类：

①税收收入。税收是国家为了实现其职能，按照法定标准，无偿取得财政收入的一种手段，是国家凭借政治权力参与国民收入分配和再分配而形成的一种特定分配关系。税收作为财政收入的一种最主要的形式，不仅筹集了资金，同时还是国家进行宏观调控的主要杠杆，对于财政职能的实现起着重要作用。

②非税收入。非税收入有狭义和广义之分。从狭义的角度看，非税收入是指政府为了公共利益而征收的非强制性、需偿还的经常收入。我国财政部印发了《政府非税收入管理办法》，对统一纳入管理办法的非税收入的定义、内容和管理方式进行了界定，办法中非税收入指的是“除税收以外，由各级国家机关、事业单位、代行政府职能的社会团体及其他组织依法利用国家权力、政府信誉、国有资源（资产）所有者权益等取得的各项收入”。广义的非税收入除了上述内容外，还包括债务（公债）收入等。

2）按财政收入的来源分类。从财政收入的来源渠道划分，财政收入可分为若干种类：

①按财政收入来源的价值形态不同，财政收入可分为来源于转移价值的收入、来源于补偿价值的收入和来源于剩余价值的收入。

②按财政收入来源的所有制结构不同，财政收入可分为国有经济收入、集体经济收入、私营经济收入、外资经济收入、个体经济收入等。

③按财政收入来源的部门结构不同，财政收入可分为工业部门收入、农业部门收入、商业部门收入、服务业部门收入等。

④按财政收入来源的产业结构不同，财政收入可分为第一产业部门收入、第二产业部门收入、第三产业部门收入。

⑤按财政收入来源的地区结构不同，财政收入可分为某省、自治区、直辖市收入，或东部、中部、西部收入等。

知识链接

美国著名“汽车城”底特律财政“破产”

底特律，于1815年正式建市，凭借其地理位置逐渐发展成为水陆交通枢纽，被称为“美国的巴黎”。20世纪60年代初，底特律进入全盛期，成为全球最大的制造业中心。2012年，底特律因为高犯罪率、高失业率、人口外流、财政危机及破产风险等诸多负面因素，被《福布斯》评为“美国最悲惨城市”。

底特律城市破产的原因之一是政府财政收入过于单一。城市 80% 的经济依靠汽车产业，产业单一造成财政收入来源单一，风险极大。当所倚重的产业兴旺蓬勃时，财政收入直线上升，而产业一旦遇到困难，财政受到的打击也会格外巨大。2012 年，该市有 3.27 亿美元的预算赤字，长期债务规模达到 140 亿美元。更为窘迫的是，政府原先所倚重的税收来源无法满足当年的财政支出。

底特律城市破产的另一原因是税收人口大量流失，税基萎缩。底特律一度是美国第四大城市，1950 年人口达到 180 万人。由于民权运动引发的种族紧张局势以及该市发生的极具破坏力的骚乱，使得白人和中产阶级流向郊外，减少了城市的税收基础。2000 年以来，该城人口减少了约 25%，2012 年缩减到了仅 71.3 万人，还不到 1950 年的一半。

2. 财政支出

财政支出就是国家将财政收入所集中起来的资金，有计划、按比例地进行再分配，以保证国家行使其职能的需要。我国目前的财政支出形式主要包括财政拨款、财政贷款和财政补贴三种。为了合理有效地使用财政资金，加强对财政资金的管理和监督，需要对财政支出的种类进行科学的分类。

（1）购买性支出

购买性支出是国家凭借公共权力，采用财政拨款方式安排资金以满足社会公共需要的支出。购买性支出包括两个部分，一部分是政府消费支出，另一部分是政府投资支出。

1）政府消费支出

①国防支出。国防支出是指一国政府为了维护国家主权与领土完整而在军事方面所开支的费用。

②行政管理支出。行政管理支出是财政用于国家各级权力、行政管理机关和外事机构行使其职能所需要的费用支出。它是维持国家政权、保证国家机关正常运转所必需的费用。

③文教科学卫生支出。文教科学卫生支出是指国家财政用于文教科学卫生等事业的经费支出。它包括科学技术研究支出、教育支出、医疗卫生保健支出

等。科学技术是第一生产力，而教育是科学技术的基础，是现代生产中的主要要素，而劳动者的科学文化知识和劳动技能的提高，是推动科学技术进步、社会向前发展的重要基础。医疗卫生事业是否先进则直接关系到劳动者的健康程度。由此可以看出，文教科学卫生支出对整个社会进步发展都具有十分重要的意义。

2）政府投资支出

①基础建设支出。基础建设支出是指国家财政用于列入基础建设投资项目的基础建设拨款和贷款支出。它是固定资产投资的主要部分，主要用于各种生产性和非生产性固定资产的支出，是形成新的产业结构的支柱。

②国家物资储备资金支出。国家物资储备资金支出是国家为了防范自然灾害、平抑物价、处理其他意外情况而建立国家物资储备的资金支出，它属于社会后备资金，是积累性支出。它是国民经济顺利发展和人民生活稳定正常的保证，也是防御外来敌人入侵的需要，具有十分重要的作用。

③发展农业支出。发展农业支出是指国家为了发展农业所安排的资金支出。众所周知，我国是农业大国，农业是国民经济的基础，资金投入对农业发展十分重要。当前我国农业正处在由传统经营方式向现代经营方式转变的过程中，农业发展的资源约束矛盾日益尖锐，耕地逐渐减少，要进一步加大对农业的投入。

财政资金对农业的投资范围应该是投资大、建设周期长的项目和具有外部经济以及农业长期投资的项目，主要包括大江大河大湖治理、国家级重要商品粮生产基地、大型重点防护林工程、退耕还林工程、退耕还草工程、气象预报系统和农业社会化服务体系等重要基础设施建设，其中水利建设将是农业基础建设的中心。

（2）转移性支出

转移性支出是政府凭借其公共权力单方面把一部分收入的所有权无偿转移出去的支出。它包括社会保障支出、财政补贴支出、国债利息支出、资本转移、对外援助支出等。

1）社会保障支出。社会保障支出是国家凭借其公共权力并依据一定的法律和规定，通过国民收入的再分配，对社会成员的基本权利予以保障而发生的支出。

2）财政补贴支出。财政补贴支出是国家凭借其公共权力，根据一定时期的政治经济形势制定的方针政策，为达到特定目的，对指定的事项由财政安排的专项资金补助支出。财政补贴实际上是把纳税人一部分收入无偿转移给补贴领受者，是一种转移性支出。

3）国债利息支出。国债利息支出是为国债而支付的一种报酬支出。

4）资本转移。资本转移是出于投资目的并影响到交易者双方或一方资产负债存量的转移。

5）对外援助支出。对外援助支出是对外国政府（地区）提供的援助支出。它包括政府贴息优惠贷款方式、项目合资合作方式和无偿援助方式等。

三、财政政策的含义

1. 财政政策的概念

财政政策是指一国政府为实现一定的宏观经济目标而调整财政收支规模和收支平衡的指导原则及其相应措施，由税收政策、支出政策、预算平衡政策、国债政策等组成。在市场经济条件下，增加政府支出，可以刺激总需求，从而增加国民收入，反之则压抑总需求，减少国民收入。税收对国民收入是一种收缩力量，因此增加政府税收，可以抑制总需求，从而减少国民收入。所以，经济的持续、稳定和协调发展与财政政策的恰当制定和实施密切相关。

2. 财政政策的类型

财政政策包括扩张性财政政策、紧缩性财政政策和中性财政政策几种类型。

（1）扩张性财政政策

扩张性财政政策是指通过财政分配活动来增加和刺激社会的总需求的政策。

（2）紧缩性财政政策

紧缩性财政政策是指通过财政分配活动来减少和抑制总需求的政策。

（3）中性财政政策

中性财政政策是指财政的分配活动对社会总需求的影响保持中性。实施中性财政政策时，财政收支活动既不会产生扩张效应，也不会产生收缩效应。在一般情况下，这种政策要求财政收支保持平衡。

3. 财政政策的形成和发展

财政政策是随着社会生产方式的变革而不断发展的。奴隶社会和封建社会，由于受自给自足的自然经济制约，国家不可能大规模组织社会经济生活。奴隶

主和地主阶级的财政政策主要为巩固其统治地位的政治职能服务。资本积累阶段和资本主义形成时期，统治者一般都推行掠夺性财政政策，以加速资本积累的过程。

早期的资本主义国家，一般都实行简政轻税、预算平衡的财政政策，以利于自由资本主义的发展。国家垄断资本主义时期，生产社会化与资本主义私有制的矛盾日益激化，政府的经济职能逐渐增强，财政政策不仅为实现国家政治职能发挥作用，而且成为政府干预和调节社会经济生活的重要工具。

20 世纪 30 年代，凯恩斯主义产生，财政政策成为调节经济、挽救经济危机的重要手段。常常在经济萧条时期实行扩张性财政政策，以刺激社会总需求，加快经济复苏；在经济高涨时期，则实行紧缩性财政政策，以减少社会总需求，延缓经济危机的来临。

社会主义国家由于建立了以生产资料公有制为主体的经济制度，国家集中了全体人民的意志，代表着人民的根本利益，能自觉地根据客观经济规律的要求制定财政政策。一方面促进人民民主政权的巩固，另一方面组织和协调社会经济生活，为巩固社会主义生产方式，满足人民日益提高的物质文化生活和构建和谐社会服务。

四、财政政策的目标和工具

1. 财政政策的目标

财政政策的目标是指国家或政府希望通过预先制定的财政政策的实施所能达到和实现的社会经济目标，它是由国家的经济与社会发展总目标决定的。

一般来讲，财政政策的目标包括五个方面：价格稳定、充分就业、经济增长、公平分配、国际收支平衡。我国财政政策的基本目标概括起来体现在以下几个方面：

（1）完善和发展我国社会主义生产关系，促进人民民主政权的巩固和加强。

（2）推进社会主义市场经济的发展，优化资源配置，保持国民经济持续、快速、健康发展和社会经济效益的提高。

（3）保持国民经济和社会各项事业协调发展。

（4）实现公平分配，贯彻按劳分配原则，调动各方面积极性，最终实现共同富裕。

（5）促进改革开放，为建立社会主义市场经济体制提供支持。

2. 财政政策的工具

财政政策的目标是通过财政政策工具来实现的，主要包括税收、国债、公共支出、政府投资、财政补贴等。

（1）税收

市场经济条件下的国家税收，既是财政收入的重要来源，也是实现财政政策极其重要的手段，主要通过宏观税率确定、税负分配（包括税种选择与税负转嫁）以及税收优惠和税收惩罚体现出来。当社会总需求严重大于总供给时，国家可以通过调整税种、税率，使生产者扩大生产、增加社会的有效供给总量；当社会总需求与总供给发生结构性失衡时，国家可以增加“长线”的税收，减少“短线”的税收，压缩“长线”产品生产，促进“短线”产品生产。特别是累进税制有着特殊的稳定经济的功能，累进税制收入越高，纳税越多。社会收入增加，即使税率不变，政府的税收收入也将增加，这就减缓了社会需求的扩张；社会收入减少，政府的税收也减少，这就减少了社会需求的萎缩。经济萧条时，社会收入减少，税收也随之减少，有助于经济的复苏；经济高涨和通货膨胀时期，税收也随社会收入增加而增加，对经济过热和通货膨胀起抑制作用。我国税收方面实行税利分流、分税制、优化税种结构、扩大税源、调整税负、强化税收的调控功能，形成适应社会主义市场经济需要的规范的多税种、多环节、多征次的复合税制。

（2）国债

国债作为财政政策的又一手段，除了财政功能，即弥补财政赤字和筹措建设资金之外，其重要作用还在于：它能调节国民收入的使用结构，调节积累和消费的最终比例，使一部分消费基金转化为积累基金。发行国债可以起到控制市场货币流通量的作用。当市场货币流通量过大时，通过增加国债的发行，扩大财政收入，减少支出以及调整国债的利率和贴现率，有效地调节资金供求和货币流通量；当市场货币流通量不足时，可以减少国债发行，扩大预算支出，以增加市场货币流通量。当然要正确发挥国债调节作用还需注意相关的配合条件：合理确定国债发行量，使之与社会应债能力和财政偿债能力相适应；合理安排国债偿付期，避免出现偿债高峰；改革和完善国债发行制度，按经济原则发行，确定合理利率，提高国债信誉，开拓和健全国债流通和转让市场等。

（3）公共支出

公共支出主要指政府满足纯公共需要的一般性支出（或称经常项目支出），它包括购买性支出和转移性支出两大部分。购买性支出包括商品和劳务的购买，

它是一种政府的直接消费支出。转移性支出则只是将货币收入从一方转移到另一方，此时的民间消费并不因此而直接发生变化。

（4）政府投资

政府投资是国家财政安排的预算内投资，是形成和调整国民经济结构的有力手段。我国财政通过长年的投资已建立和形成了独立的、门类比较齐全的工业体系和国民经济体系。政府投资现在和今后仍然是调整国民经济结构、进行合理工业布局以及形成国有资产的主要资金来源。政府投资的变化具有“乘数”效应，它对经济运行和产业发展的影响程度，往往是投资变化程度的若干倍，其作用大大超过了企业和个人投资的“乘数”效应，它的投资能力大大提高了全社会的积累水平。当然，政府投资的规模又必须与社会的总供求相适应，否则其负面影响也是很大的。为了保持国家的宏观调控能力，我国仍要保持政府投资在全社会投资中的适当比重，并注意调整政府投资的方向和范围。营利性项目的投资主体应由政府转向企业，其资金来源由银行转向社会（直接融资），而政府投资方向转为基础工业、基础设施、重点工程、非营利的社会公共设施建设。

（5）财政补贴

财政补贴是一种转移性支出。从政府角度看，支付是无偿的；从领取补贴者角度看，意味着实际收入的增加，经济状况较之前有所改善。它具有改变资源配置结构、供给结构、需求结构的作用。

国家为了实现特定的政治经济目标，由财政安排专项基金向国有企业或劳动者个人提供资助。中国现行的财政补贴主要包括价格补贴、企业亏损补贴等，补贴的对象是国有企业和居民等。补贴的范围涉及工业、农业、商业、交通运输业、建筑业、外贸等国民经济各部门和生产、流通、消费各环节及居民生活各方面。按补贴的主体划分，财政补贴分为中央财政补贴和地方财政补贴。中央财政补贴列入中央财政预算，中央财政负责对中央所属国有企业由于政策原因发生的亏损予以补贴，同时对一部分主要农副产品和工业品的销售价格低于购买价或成本价的部分予以补贴；地方财政补贴列入地方财政预算，地方财政负责对地方所属的国有企业由于政策原因而发生的亏损予以补贴，也对一部分农副产品销售价格低于购买价或成本价的部分予以补贴。

财政补贴是在特定的条件下，为了发展社会主义经济和保障劳动者的福利而采取的一项财政措施。它具有双重作用：一方面，财政补贴是国家调节国民经济和社会生活的重要杠杆。运用财政补贴特别是价格补贴，能够保持市场销售价格的基本稳定，保证城乡居民的基本生活水平，有利于合理分配国民收入，有利于合理利用和开发资源。另一方面，补贴范围过广，项目过多也会扭曲比价关系，削弱价格作为经济杠杆的作用，妨碍正确核算成本和效益，掩盖企业的经营性亏损，不利于促使企业改善经营管理。如果补贴数额过大，超越国家财力所能，就会成为国家财政的沉重负担，影响经济建设规模，阻滞经济发展速度。

五、财政政策的影响

财政政策作用于商品市场和金融市场，对经济有直接而强烈的影响，作用时间也比较持久。其对经济的具体影响见表 5—1。

表 5—1　　财政政策对经济的影响

对宏观经济的影响	对微观经济的影响
1. 克服市场经济的固有缺陷 2. 促进社会总供求的平衡 ①通过税收这一有力杠杆调节社会总供给和总需求 ②通过预算收支规模调节社会总供给和总需求 ③通过财政投资调节社会总供给和总需求 ④通过公共支出调节社会总供给和总需求 3. 调节不同市场主体方向的利益关系 4. 促进国民经济的稳定发展	1. 财政政策影响个人收入和企业收入分配 2. 财政支出结构变化影响微观经济的发展 3. 财政政策营造了微观经济发展的环境

第二节　货币政策

货币政策是指中央银行为实现其特定的经济目标而采取各种控制和调节货币供应量或信贷的方针和措施的总称。它的内容包括信贷、利率、汇率等因素，这些因素构成了一个有机的政策体系。随着我国市场经济体制的进一步完善，此政策体系的作用会越来越大。

一、货币政策目标

货币政策目标是中央银行组织和调节货币流通的出发点和归宿点，它反映了国家经济政策的总体目标，以及对货币政策的客观要求。货币政策目标与财政政策目标一样，也是多方面的，基本上可以归纳为：稳定物价、充分就业、经济增

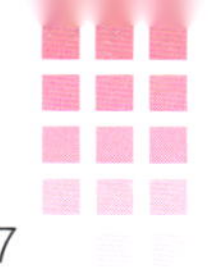

长和平衡国际收支四个方面。

我国货币政策目标根据《中国人民银行法》第三条规定：货币政策目标是保持货币币值的稳定，并以此促进经济增长。这就表明稳定币值是我国货币政策的首要目标。通过调节货币信用总量为国民经济创造良好的货币金融环境，以此促进经济持续、快速、健康发展。同时，也把反对通货膨胀作为我国经济政策的重要指导思想之一。

二、货币政策工具

货币政策工具，是指中央银行为实现货币政策目标所运用的策略手段，它主要包括存款准备金制度、再贴现政策、公开市场业务、中央银行贷款、利率政策、汇率政策等，从总量上对货币供应量和信贷规模进行调节。

1. 存款准备金制度

存款准备金制度是指商业银行等金融机构按照国家规定的比率将所吸收存款的一部分交存中央银行，本身不得使用。当中央银行提高法定存款准备金时，商业银行可运用资金减少，贷款能力下降，货币乘数变小，货币流通量便会相应减少。所以在通货膨胀时，中央银行可以提高法定存款准备金率，反之则降低法定存款准备金率。由于货币乘数的作用，法定存款准备金率的作用效果十分明显，人们通常认为这一政策工具效果过于猛烈，它的调整会在很大程度上影响整个经济和社会心理预期，因此，中央银行对法定存款准备金率的调整持谨慎态度。

2. 再贴现政策

再贴现政策是指中央银行通过调整再贴现条件来影响市场利率及货币供给与需求。

再贴现政策是中央银行最早拥有的货币政策工具，现代许多国家中央银行都把再贴现作为控制信用的一项主要货币政策工具。再贴现是指商业银行或其他金融机构将贴现所获得的未到期票据，向中央银行转让。对中央银行来说，再贴现是买进商业银行持有的票据，流出现实货币，扩大货币供应量。对商业银行来说，再贴现是出让已贴现的票据，解决一时资金短缺。整个再贴现过程，实际上就是商业银行和中央银行之间的票据买卖和资金让渡的过程。

再贴现政策具有以下三方面作用：

一是能影响商业银行的资金成本和超额准备，从而影响商业银行的融资决策，使其改变放款和投资活动。

二是能产生告示效果，通常能表明中央银行的政策意向，从而影响到商业银行及社会公众的预期。

三是能决定何种票据具有再贴现资格，从而影响商业银行的资金投向。

3. 公开市场业务

公开市场业务是指中央银行在公开市场上买卖有价证券和银行承兑票据，用以增加或减少货币供应量。

在多数发达国家，公开市场操作是中央银行吞吐基础货币，调节市场流动性的主要货币政策工具，通过中央银行与指定交易商进行有价证券和外汇交易，从而实现货币政策调控目标。

中国人民银行从 1998 年开始建立公开市场业务一级交易商制度，选择了一批能够承担大额债券交易的商业银行作为公开市场业务的交易对象，这些交易商可以运用国债、政策性金融债券等作为交易工具与中国人民银行开展公开市场业务。从交易品种看，中国人民银行公开市场业务债券交易主要包括回购交易、现券交易和发行中央银行票据。

（1）回购交易

回购交易分为正回购和逆回购两种。正回购是中国人民银行向一级交易商卖出有价证券，并约定在未来特定日期买回有价证券的交易行为，正回购是央行从市场收回流动性的操作，正回购到期则是央行向市场投放流动性的操作。逆回购为中国人民银行向一级交易商购买有价证券，并约定在未来特定日期将有价证券卖给一级交易商的交易行为，逆回购为央行向市场上投放流动性的操作，逆回购到期则是央行从市场收回流动性的操作。

（2）现券交易

现券交易分为现券买断和现券卖断两种，前者为央行直接从二级市场买入债券，一次性地投放基础货币；后者为央行直接卖出持有债券，一次性地回笼基础货币。

（3）发行中央银行票据

央行通过发行中央银行票据可以回笼基础货币，中央银行票据到期则体现为投放基础货币。

4. 中央银行贷款

中央银行贷款是指中央银行动用基础货币向专业银行、其他金融机构，以多

种方式融通资金的总称。它是中央银行资金运用的一个重要方面，也是中央银行实施货币政策，借以控制货币供应总量的重要手段。

中央银行贷款业务是中央银行的重要资产业务，中央银行贷款是高能货币，是整个社会货币供应量和信用扩张的基础，中央银行通过再贷款的资金运用方式，影响基础货币，进而影响货币供应量和信用规模，从而调控经济。因此，中央银行作为最后贷款人，为维持金融体系的安全，抑制通货膨胀，执行货币政策，促进经济发展起到了重要的作用。

5. 利率政策

利率政策是我国货币政策的重要组成部分，也是货币政策实施的主要手段之一。中国人民银行根据货币政策实施的需要，适时地运用利率工具，对利率水平和利率结构进行调整，进而影响社会资金供求状况，实现货币政策的既定目标。

目前，中国人民银行采用的利率工具主要有：

（1）调整中央银行基准利率，包括：再贷款利率，指中国人民银行向金融机构发放再贷款所采用的利率；再贴现利率，指金融机构将所持有的已贴现票据向中国人民银行办理再贴现所采用的利率；存款准备金利率，指中国人民银行对金融机构交存的法定存款准备金支付的利率；超额存款准备金利率，指中央银行对金融机构交存的准备金中超过法定存款准备金水平的部分支付的利率。

（2）调整金融机构法定存贷款利率。

（3）制定金融机构存贷款利率的浮动范围。

（4）制定相关政策对各类利率结构和档次进行调整。

近年来，中国人民银行加强了对利率工具的运用。利率调整更加频繁，利率调控方式更为灵活，调控机制日趋完善。随着利率市场化改革的逐步推进，作为货币政策主要手段之一的利率政策将逐步从对利率的直接调控向间接调控转化。利率作为重要的经济杠杆，在国家宏观调控体系中将发挥更加重要的作用。

6. 汇率政策

汇率亦称“外汇行市或汇价”，是国际贸易中最重要的调节杠杆。一国货币兑换另一国货币的比率，是以一种货币表示另一种货币的价格。由于世界各国货币的名称不同，币值不一，所以一国货币对其他国家货币要规定一个兑换率，即汇率。

汇率政策是一国政府利用本国货币汇率的升降来控制进出口及资本流动以达到国际收支均衡目的的政策手段。汇率制度分为固定汇率制度和浮动汇率制度两大类，我国实行的是以市场供求为基础、参考一篮子货币价格、有管理的浮动汇率制度。在历年的深化金融改革中，我国不断探索和完善人民币汇率形成机制，发挥市场配置资源的基础作用，增强汇率杠杆对经济的调节。从经济学角度来看，政策变化的重点在于调整人民币汇率的形成机制，而不是人民币汇率本身。人民币汇率的稳定，不但有利于促进我国国际收支平衡和经济发展，同时也有利于维护亚洲乃至世界金融和经济的稳定。

三、货币政策对经济的影响

货币政策对经济的影响见表 5—2。

表 5—2　　货币政策对经济的影响

对宏观经济的影响	对微观经济的影响
1. 调节社会供求总量 2. 调节社会供求结构 3. 调节国际收支	1. 营造微观经济的发展环境 2. 调节收入水平 ①货币政策的变化影响企业和个人的收入水平 ②通过有选择的利率变化调节收入水平 3. 多种信用工具的运用，促进了资金合理流向

知识链接

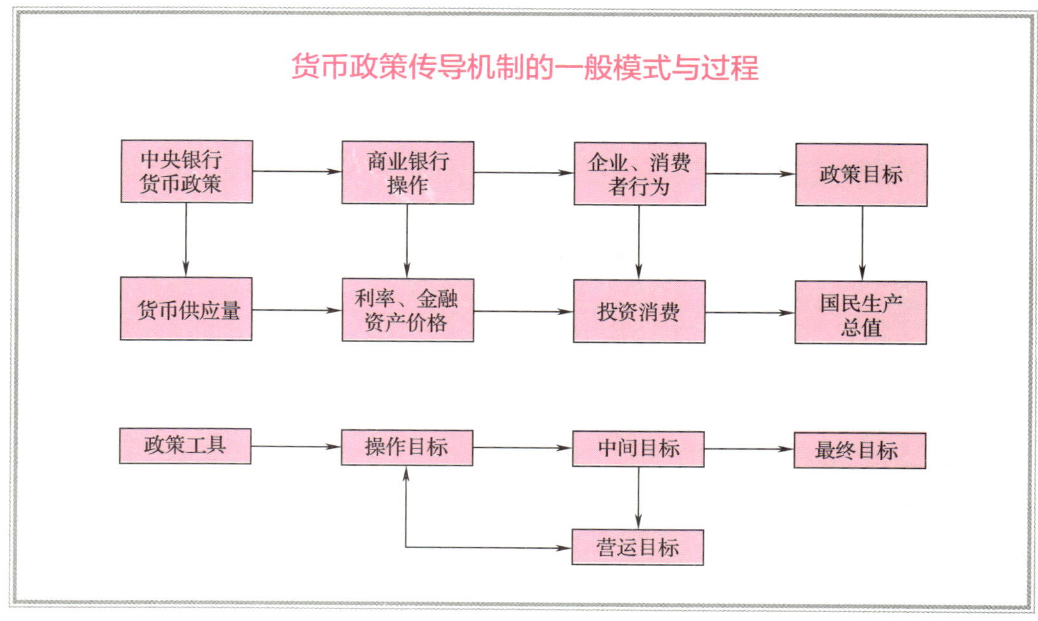

四、货币政策与财政政策的配合

货币政策和财政政策是政府干预社会经济生活的主要工具，它们共同作用于一国的宏观经济，因而存在着相互配合的要求。

1. 货币政策与财政政策的关系

（1）货币政策与财政政策的共性

1）共同作用于本国的宏观经济。

2）都是需求管理政策，即着眼于调节总需求使之与总供给相适应。

3）追求的最终目标都是实现经济增长、充分就业、物价稳定和国际收支平衡。

（2）货币政策与财政政策的区别

1）政策的实施者不同。分别由中央银行和财政部门来具体实施。

2）作用过程不同。货币政策的直接对象是货币运动过程，以调控货币供给的结构和数量为初步目标，进而影响整个社会经济生活。而财政政策的直接对象是国民收入再分配过程，以改变国民收入再分配的数量和结构为初步目标，进而影响整个社会经济生活。

3）政策工具不同。货币政策使用的工具通常与中央银行的货币管理业务活动相关，主要是存款准备金率、再贴现率、公开市场业务等。而财政政策所使用的工具一般与政府的收支活动相关，主要是税收、国债及政府的转移性支付等。

2. 货币政策与财政政策的配合模式及效果

货币政策与财政政策出自于同一个决策者却由不同机构具体实施。为达到同一个目标却又经过不同的作用过程，作用于同一个经济范围却又使用不同的政策工具。其共性的存在，决定了它们相互配合的客观要求，其区别则又导致了在实施过程中有可能发生偏差。

（1）货币政策与财政政策的配合模式

1）紧缩的货币政策与紧缩的财政政策，即“双紧”政策。

2）宽松的货币政策与宽松的财政政策，即“双松”政策。

3）宽松的货币政策与紧缩的财政政策，即“松货币、紧财政”。

4）紧缩的货币政策与宽松的财政政策，即“紧货币、松财政”。

（2）货币政策与财政政策的配合效果

四种模式由于政策的作用方向和组合方式的不同，会产生不同的政策效应。具体来说有：

1）财政政策通过可支配收入和消费支出、投资支出，对国民收入产生影响，而货币政策则要通过利率和物价水平的变动，引起投资的变化来影响国民收入。

2）货币政策通过货币供应量这一中介变量的变动，直接作用于物价水平，而财政政策则要通过社会购买力和国民收入的共同作用，才会对物价水平发生影响。国民收入的内生性，决定了财政政策对物价水平的作用是间接的、滞后的。

3）"双紧"或"双松"政策的特点是两种政策工具变量调整的方向是一致的，各中介变量均能按两类政策的共同机制对国民收入和物价水平发生作用。因此，这类配合模式的作用力度强，变量间的摩擦力小，产生效应快，并带有较强的惯性。

4）"一松一紧"政策，由于两类政策工具调整的方向是相反的，使变量间产生出相互抗衡的摩擦力和排斥性，并分别对自身能够直接影响的变量产生效应，在实施过程中功能损耗较大，作用力较弱，但政策效应较稳定，且不带有很大惯性。

综上所述，货币政策和财政政策如何组合，取决于不同的国家或同一国家不同时期的经济环境和状况，应区别对待，合理组合，科学运用，使之真正成为经济发展的"稳压器"。

知识链接

泰国金融危机

在1997年泰国金融危机爆发的前10年里，泰国经济高速增长的背后潜藏着过度依赖外贸、贸易逆差过大等结构性问题。开放资本账户后，资本大量流入催生了股市和楼市泡沫，并加剧了信贷扩张，跨境借款几乎不受限，造成短期外债过高。由于泰铢对美元汇率保持稳定，1996年美元升值带动泰铢升值，同时日元发生了贬值，都重创了泰国出口，造成该国经济下滑。经济外部失衡、资产价格泡沫、金融部门脆弱，给国际炒家以可乘之机，加上政局动荡、政府频繁更替，大大削弱了泰国应对危机的能力。

1997年2月，以"量子基金"为代表的国际投机资本大量做空泰铢（做空是指预期未来行情下跌，将手中泰铢按目前价格卖出，待行情下跌后买进，获取差价利润。这种模式在货币价格下跌的波段中能够获利，先在高位借大量泰铢换为美元，等下跌之后，再用少量的美元换回泰铢以归还），借入泰铢并抛售。泰国央行进行了坚决反击，在外汇市场上大量购入泰铢，同时提高短期利率，使投机资本的资金成本大幅提高。泰铢即期汇率很快

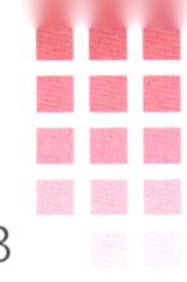

得到稳定，泰国央行暂时打退了国际投机资本的攻击。但是，因泰国政府一直坚守固定汇率，泰国外汇储备进一步减少，并几近枯竭，完全失去了对国际投机资本的抵抗。当局被迫于 1997 年 7 月 2 日宣布放弃固定汇率，导致泰铢暴跌，同年 7 月 28 日，泰国向国际货币基金组织发出救援请求，泰铢贬值标志着东南亚货币危机全面爆发。

第三节 税收政策

一、税收的概念

税收是伴随着人类社会发展到一定的历史阶段时，随着剩余产品、私有制、阶级、国家等概念的出现而产生的。在原始社会末期，随着生产力水平的提高，社会分工和交换得到了极大的发展，剩余产品的出现为税收的产生奠定了物质基础。随后，私有制逐渐成为整个社会的经济基础，阶级和国家出现了，为了维护私有财产和确保国家机器的正常运转，税收应运而生，也就是说，税收是伴随着国家的产生而产生的。

税收是国家凭借政治权力或公共权力，参与社会产品分配和再分配的一种方式。

二、税收的职能

1. 财政职能

财政职能是指税收作为参与社会产品分配的手段，将一部分社会产品由社会成员手中转移到国家手中，形成国家财政收入的能力。

2. 经济职能

经济职能是指税收在组织财政收入的过程中，改变国民收入原有的分配格局，从而对经济产生影响的能力。

3. 监督职能

监督职能是指税收对整个社会经济生活进行有效监督管理的职能。

三、税收的特征

税收作为一种特定的分配形式，有其本身固有的形式特征，即具有非直接偿还性（无偿性）、强制义务性（强制性）、法定规范性（固定性），这是税收区别于其他财政收入最明显的标志。

1. 非直接偿还性（无偿性）

税收的无偿性是指国家征税时，从纳税人手中取得一部分剩余产品，不需要直接向纳税人支付任何代价或报酬；同时，国家征税以后，税款归国家所有，不再直接归还给纳税人。

2. 强制义务性（强制性）

税收的强制性是指税收分配由国家通过颁布法律、法令而实施的一种强制的课征。

3. 法定规范性（固定性）

税收的规范性是指国家在征税之前，就通过法律形式规定了对什么征税，征多少税，由谁缴税，以及缴纳的环节、期限和地点等。税务机关和纳税人都必须遵守，无权改变。

四、税收制度构成要素

税收制度构成的要素是指各个税种在立法时必须载明的不可缺少的内容。

税收制度构成要素一般包括以下 7 项，见表 5—3。

表 5—3 税收制度构成要素

要素	说明
纳税主体	纳税主体又称纳税人，是指税法规定负有纳税义务直接向税务机关缴纳税款的自然人、法人或其他组织
征税对象	征税对象又称征税客体，是指税法规定对什么征税
税率	税率是应纳税额与征税对象之间的比例，是计算应纳税额的尺度，反映了征税的程度。税率有比例税率、累进税率（全额累进与超额累进）和定额税率三种基本形式
纳税环节	纳税环节是指商品在整个流转进程中按照税法规定应当缴纳税款的阶段

续表

要素	说明
纳税期限	纳税期限是税法规定的纳税主体向税务机关缴纳税款的具体时间，一般分为按次征收与按期征收两种
纳税地点	纳税地点是指缴纳税款的地方，一般为纳税人的住所地，也有规定在营业发生地的
税收优惠	税收优惠是指税法对某些特定的纳税人或征税对象给予免除部分或全部纳税义务的规定。从目的上讲，有照顾性与鼓励性两种优惠

五、税收的分类

税收的分类就是根据每个税种构成的基本要素和基本特征，按照一定的标准对构成税收制度的各个税种进行的归类。我国现行的税收种类很多，已形成了以流转税为主，所得税为辅，多种税相配合的复税制。主要分类如下：

1. 从税收收入的归属划分

中央税——是指维护国家权益、实施宏观调控所必需的税种，具体包括消费税、关税、车辆购置税等。

地方税——具体包括资源税、土地增值税、印花税、城市维护建设税、房产税、车船税等。

共享税——中央与地方共享税是指同经济发展直接相关的主要税种，具体包括增值税、企业所得税、个人所得税等。

2. 以课税对象来划分（见表 5—4）

表 5—4 以课税对象来划分税收类型

税种	作用	税目
流转税类	在商品生产、流通或者服务业中起调节作用	增值税、消费税、关税
所得税类	对生产经营者的利润和个人的纯收入起调节作用	企业所得税、个人所得税
资源税类	对因开发和利用自然资源差异而形成级差收入起调节作用	资源税、城镇土地使用税

续表

税种	作用	税目
财产税类	对某些财产和行为起调节作用	房产税、契税
行为税类	对特定对象和特定行为发挥调节作用	城市维护建设税、印花税

六、税收的管理

税收的管理是国家税务机关依据税收法律、行政法规的规定，按照统一标准，通过法定的程序，对纳税人应纳税额组织入库的一种行政活动。税收管理的内容主要包括税务管理、税款征收、税务检查、发票管理四个部分。

1. 税务管理

税务管理是指税务机关在征收管理中对征纳过程实施的基础性管理制度和管理行为，包括税务登记、账证管理和纳税申报等内容。

（1）税务登记

主要包括开业登记、变更登记、注销登记、停业复业登记等。

（2）账证管理

主要包括对账簿、凭证设置、财务会计制度、发票的管理。

（3）纳税申报

纳税申报是纳税人按照税法规定的期限和内容，向税务机关提交有关纳税事项书面报告的法律行为。它包括纳税申报的对象、纳税申报的内容、纳税申报的期限、纳税的要求、纳税申报的方式和延期申报的管理。

2. 税款征收

税款征收是税务机关依照税收法律、法规规定，将纳税人应缴纳的税款组织入库的一系列活动的总称。它包括征收方式、税收保全两个方面。

（1）征收方式

指税务机关根据各种税种的不同特点、征纳双方的具体条件而确定的计算征收税款的方法和形式。税款征收的方式主要有查账征收、查定征收、查验征收、定期定额征收、委托代征、邮寄纳税等。

（2）税收保全

税务机关依法遵守法定权限和法定程序，保证税款不流失。

税收保全的前提：纳税人有逃避纳税义务的行为，在纳税之前和责令限期缴

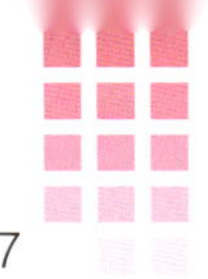

纳期限内可采取税收保全措施的纳税人仅限于从事生产经营的纳税人，不包括其他纳税人、扣缴义务人、纳税担保人。

采取税收保全措施的法定程序：

1）责令纳税人提前缴纳税款。

2）责令纳税人提供纳税担保。担保书须以纳税人、担保人、税务机关三方签字盖章后生效。

3）冻结纳税人的存款。

4）扣押、查封价值相当于应纳税款、滞纳金、扣押、查封、保管、拍卖、变卖费用的商品、货物或其他财产（存款不足时）。

纳税人在限期内缴纳了税款，税收保全解除；仍未缴纳的，经税务局长批准，终止保全措施，转入强制执行。

3. 税务检查

税务检查权限包括查账权、场地检查权、责成提供资料权、询问权、查证权、存款账户查核权。

4. 发票管理

发票管理是税务机关依法对发票印制、领购、开具、取得和保管的全过程进行组织、协调、监督等一系列管理工作的总称。它是税收管理的重要内容。发票是指在购销商品、提供劳务服务以及从事其他经营活动过程中，向对方开出的收款凭证。发票是会计核算的原始信息处理，又是税务稽查的重要依据，税务机关是发票的主管机关，负责发票的印制、领购、开具、取得、保管和缴销的管理和监督。

练习题

一、填空题

1. 财政的四大职能是资源配置、收入分配、（　　）和（　　）。
2. 在安排财政支出过程中，必须遵循（　　）和（　　）。
3. 财政政策工具包括（　　）、（　　）和（　　）等。
4. 货币政策工具包括（　　）、（　　）和（　　）等。

二、单项选择题

1. 财政作为公共分配，是一种（　　）。

A. 经济现象　　B. 社会现象

C. 社会经济现象　　D. 政治现象

2. 财政补贴实质上是（　　）支出。

A. 购买性　　B. 转移　　C. 经常性　　D. 资本性

3. 纳税人对抗国家税法拒不依法纳税属于（　　）行为。

A. 偷税　　B. 抗税　　C. 漏税　　D. 欠税

4. 下列属于中央税的税种是（　　）。

A. 关税　　B. 房产税　　C. 增值税　　D. 车船税

5. 在社会总需求严重不足，生产能力和生产资源大量闲置的情况下，宜采用的财政政策和货币政策的配合形式是（　　）。

A.“双紧”政策

B.“双松”政策

C. 紧的财政政策和松的货币政策

D. 松的财政政策和紧的货币政策

三、多项选择题

1. 下列属于流转税的税种是（　　）。

A. 增值税　　B. 印花税　　C. 关税　　D. 契税

2. 下列属于中央与地方共享税的税种是（　　）。

A. 增值税　　B. 消费税

C. 资源税　　D. 证券交易税

3. 货币政策工具对实现经济的调控作用是（　　）。

A. 调节社会供求量　　B. 调节社会供求结构

C. 调节国家收支　　D. 克服市场固有缺陷

四、判断题

1. 国防费和行政管理费不属于国家执行职能的基本支出。（　　）

2. 为了解决建设资金不足，国家可以发行国债满足其需要，并且需要多少，就可以发行多少。（　　）

3. 国家物资储备支出属于社会积累性支出。（　　）

4. 扩张性财政也称赤字财政政策。（　　）

五、简答题

1. 简述财政政策和货币政策的配合使用。
2. 简述税收管理的主要内容。

六、综合题

材料一 2003 年以来，中央出台了一系列房地产调控政策，除了 2009 年出台的鼓励购房政策措施外，这些政策都旨在抑制房价过快上涨和房地产投资过热。

材料二 教育部网站发布了 2016 年全国教育经费统计快报。快报显示，2016 年全国教育经费总投入为 38 866 亿元，比上年增长 7.57%。其中，国家财政性教育经费为 31 373 亿元，比上年增长 7.36%。教育经费总投入在学前教育、义务教育、高中阶段教育、高等教育和其他教育间的分配占比分别为 5.65%、7.21%、45.29%、15.84%、26.01%。

材料三 中国自 1980 到 2016 年这 37 年的时间里，通货膨胀率负值只出现过四次，分别是 1998 年的 −0.8%、1999 年的 −1.4%、2002 年的 −0.8% 以及 2009 年的 −0.7%，其中 1999 年的 −1.4% 是近 37 年来最低值，而最高值出现在为 1994 年，高达 24.1% 的通货膨胀率。

材料四 中国人民银行发布的数据显示，2017 年 4 月份，债券市场共发行各类债券 3 万亿元。

材料五 2016 年 8 月中国国家财政主要收支项目情况如下：

2016 年 8 月国家财政主要收入项目情况

项目	收入（亿元）	同比增长
增值税	3 225	49.5%
消费税	831	−6.2%
企业所得税	649	5.4%
个人所得税	731	9.9%
进口货物增值税、消费税	1 143	19.3%
关税	244	25.5%
出口退税	877	−7.2%
城市维护建设税	259	−7.7%
车辆购置税	222	2%
印花税	192	−41.7%

续表

项目	收入（亿元）	同比增长
资源税	68	−10.3%
土地和房地产相关税收	369	9.7%
车船税、船舶吨税、烟叶税等税收	57	与 2015 年同期基本持平
非税收入	2 214	1.2%

2016 年 8 月全国财政主要支出项目情况

项目	支出（亿元）	同比增长
教育支出	16 505	11.7%
科学技术支出	3 229	11.4%
文化体育与传媒支出	1 570	8.8%
社会保障和就业支出	14 597	12.9%
医疗卫生与计划生育支出	8 787	19.8%
城乡社区支出	12 396	30.6%
农林支出	10 526	16.4%
资源勘探信息支出	3 409	11.8%
住房保障支出	4 015	30.1%
债务付息支出	3 252	37.2%

1. 根据以上材料，完成下列选择。

（1）根据材料一，政府采取的下列措施中，可能有效抑制房价过快增长的有（　　）（多选）。

A. 提高存贷款利率—流通领域货币量增加—投机性购房减少—抑制房价增长过快

B. 实施积极财政政策—扩大财政支出—增加保障性住房—抑制房价增长过快

C. 调整收入分配政策—提高居民收入—居民购买力增强—抑制房价增长过快

D. 查处囤地炒地—增加住房用地有效供给—扩大住房供应量—抑制房价增长过快

（2）根据材料二，国家财政用于教育经费的支出，属于（　　）（单选）。

A. 科教文卫支出　　　　B. 债务支出

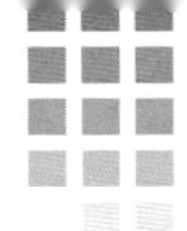

C. 行政支出　　　　　　　　　　D. 国防支出

（3）根据材料二，中央财政拨款对义务教育的支持，表明（　　）（单选）。

A. 财政是巩固国家政权的物质保证

B. 国家通过财政可以促进经济的发展

C. 财政可以促进科教文卫事业的发展

D. 财政可以建立完善的社会公共服务体系

（4）根据材料三，抑制通货膨胀是中国当下乃至今后一段时期关注的焦点。政府调控物价，可行的财政政策有（　　）（多选）。

A. 增加涉农补贴，增加农产品的有效供给

B. 提高银行的存款准备金率

C. 调控收支水平，促使经济平稳运行

D. 启动并推进收入分配制度改革，形成合理的收入分配格局

（5）根据材料四，发行国债是（　　）（单选）。

A. 国家财政收入的重要来源　　　　B. 国家财政支出的重要方面

C. 稳健货币政策的重要内容　　　　D. 从紧货币政策的重要内容

2. 根据以上材料，完成以下问题。

（1）从财政收支项目来看，材料五两张统计表分别反映了什么经济现象?

（2）我国实施积极的财政政策和稳健的货币政策，政府通常采取的积极的财政政策有哪些?稳健的货币政策有哪些?